「国境」で読み解く世界史の謎

武光 誠

PHP文庫

○本表紙図柄＝ロゼッタ・ストーン（大英博物館蔵）
○本表紙デザイン＋紋章＝上田晃郷

「まえがき」にかえて――国際問題の遠因となった国境

島国の日本に住んでいると国境を身近に感じることはほとんどないだろう。日本の国境はあくまで領海の端であって、陸地にはない。

しかし、世界を見渡してみると日本のような国は少なく、ヨーロッパや北米などでは、道路を挟んで向こう側は隣の国。こうした場所が数多くある。

またその歴史も隣国に併合されたり、取り返したり、いまだ国境線自体が確定していない場所もあるのだ。さらにその国の成り立ち自体に、国境が関係している地域もある。

例えば、二〇一六年のリオデジャネイロ五輪のサッカーの試合で、誤って隣国ニジェールの国歌が流れてしまったナイジェリア。この二つの国は、ニジェール川の流域の地域で、どちらの国名もニジェール川にちなんだものだ。

この地域は一九世紀にイギリスとフランスによって分割され、それぞれ植民地となった。ただ、居住する民族は両国に混在しており、よそから来た外国人に勝手に分割されたようなものだった。公用語はそれぞれ英語とフランス語になり、その後、第二次世界大戦後に、植民地だった地域がそのまま独立したため、よく似た名前の隣り合った国が誕生したのだ。

他にも、近年の国際問題であるロシアによるクリミア併合やＩＳの出現、南スーダンの内戦、アメリカとメキシコの壁をめぐる摩擦なども、遠因は何度も書き換えられてきた国境にあるといっても過言ではない。

そこで本書では、ニュースで多く報道される地域を中心に、国境の変遷からみた世界の歴史を武光誠先生に解説していただいた。

世界各地に存在する「〇〇領〇〇」といった飛び地や、大国の領土拡大の変化など、常に争いのもとになり続けてきた国境の歴史を知ることで、国家の本質がみえてくるだろう。

現在起こっている出来事だけを眺めていても、本当の原因はわからない。実は、数百年以上前の侵略や戦争が、現代まで尾を引いて問題を複雑化させていることもあるのだ。

編集担当

「国境」で読み解く世界史の謎　目次

第一章 同じ島国の日本とイギリスで、国境の変遷が全く違う理由とは？

第二章

朝鮮民族はなぜ、分裂国家の時代が長いのか？

第三章

古代中国の海洋政策から考える、中国の海洋進出の目論見とは？

第四章

ロシアはなぜ、北方領土の領有に固執するのか？

第五章 モンゴルはなぜ、ロシアと中国の二大国の間で独立できたのか？

第六章 なぜ新疆ウイグル自治区とチベット自治区は独立できないのか？

第七章 ロシアによるヨーロッパへの領土拡大の目的とは？

第八章 EUが行き詰まり、ヨーロッパが一つになれないわけとは？

第九章 ルクセンブルク、モナコなどの小国はなぜ生き残れたのか？

第十章 中南米にヨーロッパ諸国の飛び地が残っているのはなぜか？

第十一章 アメリカがメキシコとの国境の壁にこだわるのはなぜか?

第十一章 南米諸国の中でブラジルの国土がずば抜けて広いのはなぜか？

第十二章 かつて西パキスタンと東パキスタンに分かれていたのはなぜか？

第十四章 なぜイスラエルとイスラム諸国の紛争は長く続いているのか？

第十五章 アラブ諸国で紛争が起こり続けるのはなぜか？

第十六章 ソマリア、南スーダンなどのアフリカ各地の紛争の原因とは？

終章　強国が力ずくで書き換えてきた国境の歴史

第一章

同じ島国の日本とイギリスで、国境の変遷が全く違う理由とは?

❖わかりやすい日本の国境

現在の日本にも、尖閣（せんかく）諸島、竹島、北方四島（北方領土）などの領土問題がある。しかし係争地は、いずれも一般の日本人の生活とほとんど関係のない日本の中心部からはるかに離れた場所である。

ところが世界をみれば、マスコミの報道からわかるようにきわめて多くの国が領土問題を抱えている。大陸に国境線が引かれ、国境をはさんだ睨み合いが絶えず行なわれている地域もある。世界的にみれば、日本の国境はわかりやすい形をとっているのだ。

現在の日本は、北海道、本州、九州、四国の四つの島と沖縄、それに付属する島々からなる。この地域は日本人が居住することにちなんで「日本列島」と呼ばれている。

日本が江戸時代まで、本州、九州、四国を中心とした国であったことはよく知られているだろう。『古事記』などの神話によれば、その範囲は伊奘諾尊（いざなぎのみこと）と伊奘冉尊（いざなみのみこと）という夫婦の神が生んだ島々であるとされている。あと（39ページ）で詳しく説明するように、『古事記』の神話の時代から欧米の国々との本格的な交流が始まる明治維新のあたりまで、日本の範囲はほとんど変わらなかったといってよい。

江戸時代以前のこの地域には、日本語を話す日本人という人々が住んでいた。そして明治初年に、日本の勢力圏であった北海道と沖縄、その他が正式に日本に組み込まれた。そこには日本人の亜流ともいえるアイヌおよび沖縄人とでも呼ぶべき人々が生活していたが、かれらはやがて日本人に同化していった。

❖多様なアジア人が日本人という複合民族になった

古いことは明らかでないが、縄文時代には北海道から沖縄にかけて、縄文文化を共有する縄文人と呼ぶべき人々が生活していた。かれらを現在の日本人の先祖とみていいだろう。しかし縄文人がそのままの形で、現代の日本人になったわけではない。

弥生時代はじめに、朝鮮半島南端から弥生文化をもって日本に移住してきた人々もいた。その他にもアジアの各地から、多様な人間がやって来て先住していた住民と混じり合ってきた。こういった中で、中国のものとも朝鮮半島のものとも異なる日本文化がつくられていったのである。

このようにしてできた日本人が、「複合民族」と呼ばれることもある。これは一部の日本古代史の研究者が用いた言葉であるが、本書の説明ではしばしば「複合民族」という言葉が出てくることになる。複合民族とは、

「多様な系統の人間が混じり合って一つの言語と文化を共有することによってつくられた新たな民族」

とでも定義すべき言葉である。

じつは世界の民族の大部分が、複合民族になる。「アラブ人」のような、イスラム教が結び付けた巨大な複合民族もある。

世界的にみれば、はるか昔から全く同じ系統の人間の集まりであった、「単一民族」と呼ぶべき集団はそう多くない。それは、他の地域から切り離された離れ島や山岳地帯などに見られるだけである。

北極圏のイヌイット、チベット人、太平洋の島国であるサモアやトンガの住人などは単一民族に近いのであろう。

私の考えによれば複合民族である江戸時代以前の日本人は、神道と呼ばれる民族

宗教と日本語の上にたつ文化を共有していた。かれらは、神道で権威づけられた天皇（大王（おおきみ））を君主に立ててきたのだ。

❖日本史とイギリス史の四つの違い

イギリスの知識層の多くは、

「私の住むイギリスは、フランスなどの大陸の国々とは別物である」

という意識を強くもっている。イギリスで仕事をしたビジネスマンから、こういった話を何度も聞いた。

私もイギリス旅行中に、黒沢明の日本映画が好きだという親日家のウェイターに出会ったことがある。

「イギリス人は自国と同じユーラシア大陸の外れの島国である日本に強い関心をもち、同じような島国に住む日本と仲良くしたいと言ってくる」

二〇一二年のイギリス訪問のときの天皇陛下と、イギリス女王エリザベス二世とが親しく交流する映像を覚えておられる読者も少なくはあるまい。

しかし日本の国境線が長期にわたってほとんど変わらなかったのに対して、島国イギリスの国境線は何度も書き換えられてきた。この根本的な違いをもたらした日本とイギリスの歴史をていねいにみていくと、その二つの国が全く異なる道を辿ってきたことがわかってくる。海賊の国イギリスと和の国日本の歴史には、四つの大きな違いがある。

一つ目はイギリスという国が一つのものではなく、自立した四つの地域が寄せ集まったものである点だ。イギリス人は、イングランド人、スコットランド人、ウェールズ人、アイルランド人から成る。この四つの集団は、異なる伝統を守り続けてきた、イギリス人の亜種と呼んでよいほどの集団である。

二つ目はイギリスという地域が、たびたび大陸から来た集団の征服を受け続けた点である。現在のイギリス王家は、一〇六六年にイギリスを征服したノルマン人のノルマン朝の系譜を引くものである。

三つ目はイギリス王室が、何度もヨーロッパに出兵して戦争を繰り返していたことである。イギリスの対岸であるフランスのノルマンディー地方や、ワインの産地で知られるボルドーを含むフランスのガスコーニュ地方がイギリス領だった時期もあった（26・27ページ参照）。

四つ目はイギリス人が汽船（蒸気船）もない一七世紀という早い時期から、世界をまたにかけて活躍し、多くの植民地をつくり上げた点である。一六世紀までは、イギリスとヨーロッパの強国の戦いはヨーロッパを戦場としてきたが、イギリスと他の大国との植民地争奪戦は世界規模でなされるようになった。

日本が江戸幕府のもとで鎖国を行なっているときに、イギリスは着々と植民地を広げていたのである。

以下、この四点の違いについて解説していこう。

❖征服者がつくったイギリスの亜種

「イギリス」と呼ばれる範囲は、何度も書き換えられてきた。大筋を知るために、イギリスの地図を、七点あげておこう。この図に示した以外にも、何度にもわたるイギリスの地図の変遷がある。

本書では便宜上、第一次世界大戦以前の「グレートブリテン及びアイルランド連合王国」の領域（図1の⑥参照）に住む人々を「イギリス人」と呼ぶことにする。

イギリスに旧石器時代、新石器時代の遺跡を残した先住民はいたが、イギリスとい

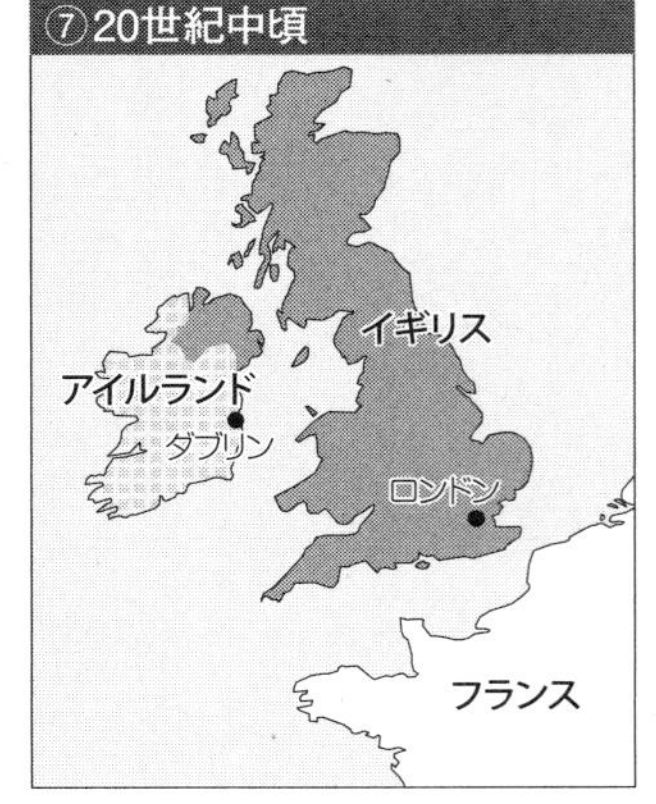

『標準世界史地図』（吉川弘文館）を参考に作成

図1　イギリス領土の変遷

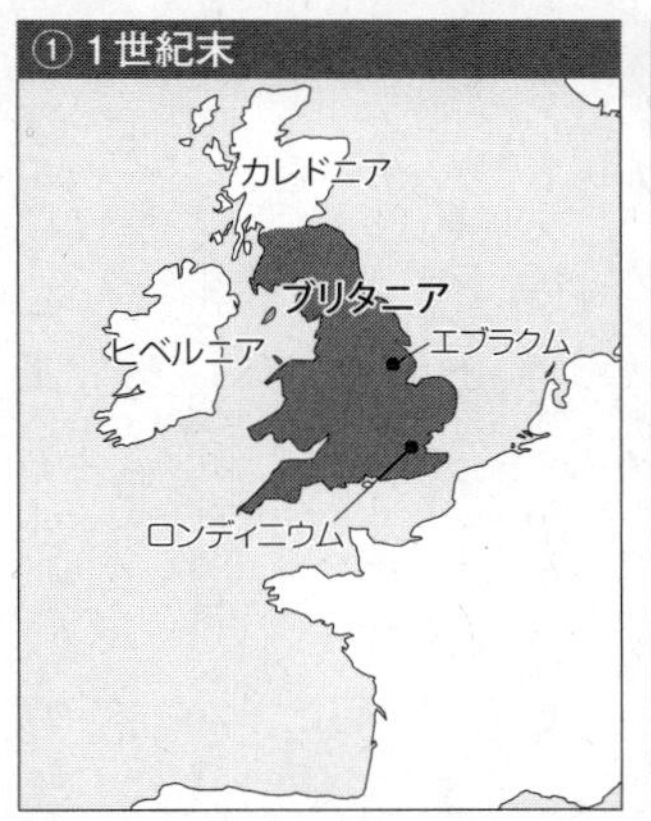

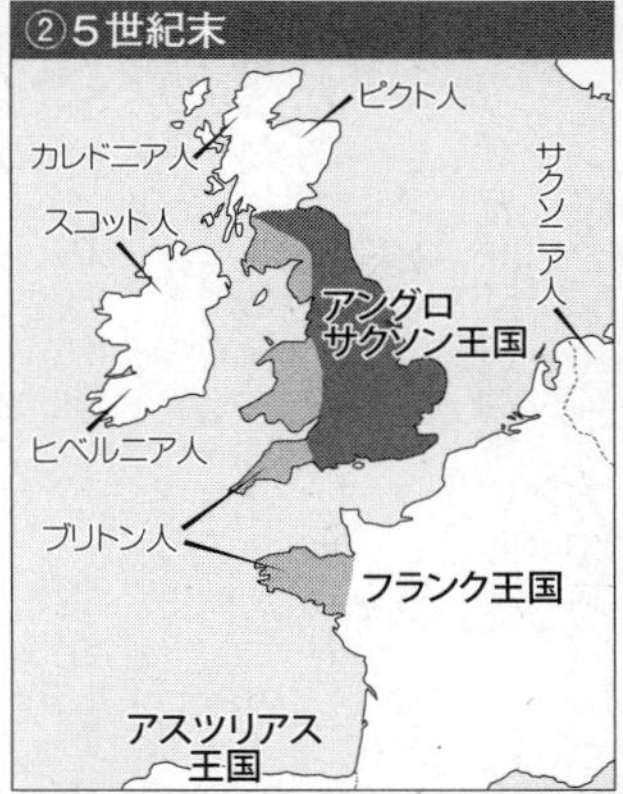

う国の歴史は、大量のケルト人の移住から語りはじめられることが多い。ケルト人はヨーロッパの白人やイラン人、インド人と同じアーリア人（インド・ヨーロッパ語族）の一分派で、紀元前四世紀から紀元前二世紀にかけての時期に、イギリスに渡ってきた。

このケルト人はイギリスの先住民と混じり合って独自の文化をつくっていった。現在のアイルランド、ウェールズ、スコットランドやフランスのブルターニュ地方にはケルト文化の名残りがみられる。

そのケルト人の一派のブリトン人は、イングランド中南部に多くの小王国をつくった。かれらの居住地は、一世紀にローマ帝国の領地に組み込まれてブリタニアと呼ばれた。

四世紀末に、ゲルマン人のローマ帝国領への侵入が始まった。「ゲルマン民族大移動」と呼ばれるその大転換の中で、ゲルマン人の一派のアングロ人とサクソン人がイングランドに侵入し、七つの王国を建てた。かれらに追われたブリトン人は、ウェールズ方面に移動すると共に、海を渡ってフランスのブルターニュ地方に移住した。イングランドの北方のスコットランドには、七世紀末にケルト系スコット人のスコットランド王国がつくられた。シェークスピアの戯曲「マクベス」のモデルになったマクベス王は、スコットランド王国に実在した王である。

イギリス王室はヴァイキングの子孫

八世紀後半からスカンディナヴィア半島（スウェーデン、ノルウェー）やコーラン半島（ユトランド半島、デンマーク）を居住地とするノルマン人の西ヨーロッパへの侵入が、目立つようになった。ノルマン人は、ゲルマン人の一派である。強力な水軍を用いて各地を征服したこの時代のノルマン人は、ヴァイキングと呼ばれている。

九一一年にノルマン人の首長ロロが、北フランスに侵入してイギリス対岸にノルマンディー公国を建国した。

図2　クヌートが支配した領土

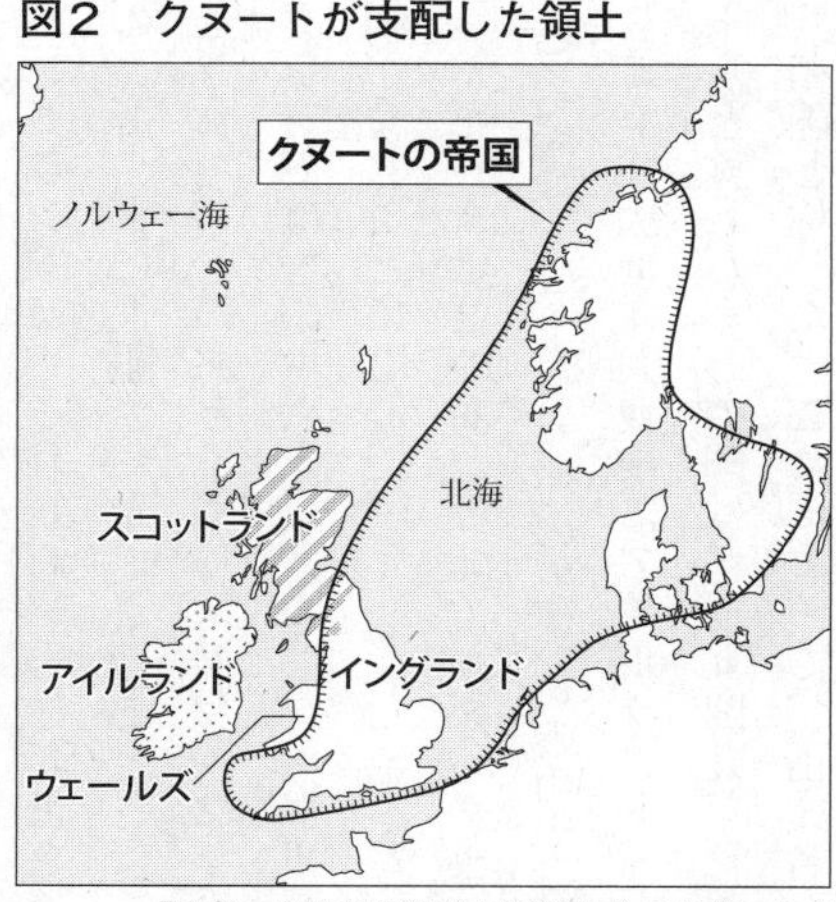

『詳説　世界史図録』（山川出版社）を参考に作成

イングランドは、それから一〇〇年ほどたった一〇一六年にノルマン系のデーン人のクヌートに征服された。このあとしばらくはイギリスの主要部分はデンマーク領とされた。そのあとイギリスのゲルマン系の勢力がデーン人を追い払ったが、イングランドは一〇六六年にノルマンディー公国に征服され、そのあとノルマン系の王朝が続くことになった。

イギリスはこのあとウェールズ、スコットランド、アイルランドを併合し（32ページ参照）、ヨーロッパの近代化の中でヨーロッパ第一の強国となっていった。そして第一次世界大戦後にアイルランド三二州のうちの南部二六州が自治権を得てエールと称した。その国は、一九四九年に正式に独立して、対外的にはアイルランド共和国と称した。これによって、正式名を「グレートブリテン及び北アイルランド連合王国」とする、現在のようなイギリスの国境線が確定したのである。

❖イギリスを構成する四つの複合民族

アイルランドも含めた現在のイギリスには、四つの複合民族がおり、それぞれが異なる言葉を用いている。一五世紀末までイングランド王国の領土であったイギリスの中心部に住んでいた人々の子孫が、ゲルマン語の中の英語を使うイングランド人である。スコットランド王国の国民の子孫が、ケルト系のスコットランド語を話すスコットランド人、ウェールズ公国の人々の子孫がケルト系のウェールズ語を用いるウェールズ人である。

さらにアイルランドにはケルト系のゲール語を使うアイルランド人がいる。ゲルマン系のアングロ族、サクソン族とさまざまな民族が混じり合ってイングランド人になり、ケルト系の民族がゲルマン系の人々をとり込んでスコットランド人、ウェールズ人、アイルランド人になっていったのだ。

四つの言葉が長い期間をかけて混じり合ってきたために、現在ではスコットランド語、ウェールズ語、アイルランド語は英語の方言に近いものになっている。その中のウェールズ語は、現在のイギリス（アイルランド共和国を除く）で第二公用語とされている。

現在はイギリスの人口の約七七パーセントがイングランド人である。ヨーロッパではイングランド人だけを「イギリス人」と呼んで、スコットランド人などと区別することもある。

❖四つの王国が長期間かけて大英帝国になった

　ウェールズは一二八二年にイングランドのエドワード一世に征服され、一五三六年の合同法でイングランドの一部となった。さらに一六〇三年に、テューダー朝の最後の女王となったエリザベス一世のあと、スコットランド王であったジェームズ一世がイギリス王となりスチュアート朝を起こした。そのために、スコットランドがイギリスに組み込まれた。

　ヨーロッパの強国の勢力争いがさかんになされる中で、イングランド人が主導してより強大な王国をつくって他国に対抗しようと考え、スコットランドを取り込む動きがなされたのだ。

　アイルランドは、一二世紀からイングランド領になっていたが、独自の文化の伝統を強く残していたために長期にわたってイングランドに併合されずにきた。一六世紀なかばに、イギリス王がアイルランド王を兼ねる形で、アイルランド王国がつくられた。このあと一八〇〇年の合同法により、アイルランドは連合王国の形でイギリスに組み込まれる。

このようにしてかつて「大英帝国」と呼ばれた強国はつくられた。植民地支配拡大の動きが高まる中で、イングランド人、スコットランド人、ウェールズ人、アイルランド人の四つの複合民族は、大英帝国の旗のもとに世界に雄飛していったのだ。

❖イギリスにおける民族分離の動きが高まる

第一次世界大戦（一九一四―一八年）のあとのヨーロッパで世界平和を求める声が高まり、強国による植民地争奪の動きは下火になっていった。これと共にヨーロッパでは、「民族自決」が叫ばれるようになった。そのためいくつもの弱小民族が大国から独立して民族国家をつくったが、イギリスではまずアイルランド人が、大英帝国（イギリス）からの分離を求める声をあげた。

イングランドはキリスト教の中のプロテスタント（新教）の一派であるイギリス国教会の国であったが、アイルランドにはキリスト教のカトリック（旧教）の信者が多かった。そのためカトリックの信者が大半を占めるアイルランドの中南部が一九二二年に自治権を獲得し、一九四九年にイギリスから正式に独立した。

このときプロテスタントが優勢な北アイルランドはイギリスに残ったが、現在でもイギリスからの独立を求める人々の運動が続いている。

スコットランドでも二〇世紀末にイギリスからの自立を求める声が高まった。そのため一九九九年にイギリスは、スコットランドの自治政府の樹立を認めざるを得なかった。ウェールズにも、一九九九年に独自の議会がおかれた。

形の上ではイギリス王室の下に、イギリス首相とスコットランド首相がならび立つことになったのである。二〇一四年にスコットランド自治政府のサモンド首相はイギリスからの独立を問う国民投票を行なった。

投票で独立が認められれば、スコットランドという新たな国が誕生することになる。ところがこのときの投票では独立反対の票が約五五パーセントを占め、自治政府のスコットランド独立計画はいったん挫折した。

しかしスコットランド自治政府のスタージョン首相は、二〇一七年三月にスコットランド独立のための国民投票を再び行ないたいとイギリス政府に要請した。「大英帝国」というまとまりは、四つの民族から成るイギリスの世界征覇の便宜のためにつくられたものにすぎないのだろうか。

❖ヨーロッパの戦乱の中のイギリス

イギリスという国のまとまりが意識されるようになったのは、一四世紀から一五世紀にかけて行なわれたイギリスとフランスの間の百年戦争（一三三九―一四五三年）終結のあとのことである。日本の統一国家の歴史を、大和朝廷によって日本の主要部分が統治された四〇〇年頃からの一六〇〇年余りとすると、イギリスの歴史は、五百数十年程度にすぎないことになる。

百年戦争以前はイギリス王家もフランス王家も、文化を共有する西ヨーロッパ世界という大きな地域の中に割拠する多数の王や諸侯の一つにすぎなかった。

自領で独自の統治を行なう大名がならび立つ江戸時代の日本に似ているようだが、西ヨーロッパ世界には江戸幕府の将軍はいない。日本では江戸幕府のおかげで、大名同士の武力による争いのない平和な時代が続いた。これに対して西ヨーロッパは、全体を治める力をもつ者がいない「強いもの勝ち」の世界であった。

ヨーロッパ中世の王や諸侯は、勢力拡大のために領地争いを繰り返した。王号をもつ者が特に有力だったわけではない。フランスのブルゴーニュ公のように、王領より広い領地をもつ諸侯もあちこちにみられた。

　前（29ページ）にあげたノルマンディー公のように、力ずくでイングランド王を倒して国王になる者までいた。しかも西ヨーロッパの王や諸侯には、江戸時代の大名のような男系で「お家」を継ぐという発想がない。

　女性が親の領地を相続し、その女性の夫となった王や諸侯が妻の父が治めていた領地を得ることが日常的に行なわれたのである。

❖イギリス王家がフランスに広大な領地をもった時代

　このような背景を摑(つか)んだうえで、イギリスとフランスの関係をみていこう。ノルマンディーからイングランドを征服したウィリアム一世（ロロの子孫、29ページ参照）のノルマン家の男系は四代で途絶えた。このあとウィリアム一世の孫にあたるマチルダとフランスのアンジュー伯ジョフレイの間の息子が、イングランドとアンジュー伯領を相続することになった。

　一一五四年につくられたこの新たな王家は、プランタジネット朝と呼ばれる。これによってフランスの地に、元のノルマンディー公領、アンジュー伯領からなる広大なイギリス領ができたのである。

フランス王からみれば、自分の勢力圏の中にイギリス（イングランド王国）の領地があるのは我慢ならないことだった。一方、イギリス王はフランスでの自領の拡大をもくろむ。そのため何度にもわたる、イギリス王家とフランス王家の争いが行なわれた。

この争いの中でフランス王家が、優勢にたった時期があり、フランスは一二〇四年にノルマンディーを得た。百年戦争（一三三九―一四五三年）直前のイギリスはフランスの中のガスコーニュ地方（ボルドー）とクレシャを支配していたのだ。英仏の対立が続く中、フランスのカペー朝が一三二八年に断絶した。このときカペー朝の最後の王であったシャルル四世のいとこにあたるフィリップ六世がフランス王位を継承してヴァロア朝を起こした。ところが一三三八年になってイギリス王エドワード三世がフランス併合を目指してフランス王に戦争を仕掛けてきた。カペー朝のシャルル四世の妹を母にもつエドワード三世がフランス王位の継承権を主張したのだ。これが百年戦争の始まりである。

この戦いはフランスがボルドーを攻め落として、フランスの大半を平定した一四五三年まで続いた。この長く厳しい百年戦争のあとイングランド王家はイギリス国内の統治に、フランス王家もフランス国内の統治に力を入れるようになる。

それまで境界の曖昧であったイギリスとフランスが、このあと異なる文化をもつ別々の国として発展していった。しかしイギリスは、ヨーロッパ諸国に混乱が起こるたびに何度も大陸に出兵して勢力の拡大をはかった。

ドイツの三十年戦争（一六一八―四八年）、ナポレオン戦争（一八〇四年頃―一八一五年）はその代表的なものになる。

❖ヨーロッパの大国と世界中で争ったイギリス

大航海時代が始まり、ヨーロッパの強国が各地に植民地を獲得していった時代のことである。イギリスは、多くの植民地争奪戦を繰り広げた。フランスと北アメリカの植民地を争ったウィリアム王戦争（一六八九―九七年）が、最初の大きな戦争となる。イギリスは二〇世紀前半まで、ヨーロッパの強国などを相手に、南北アメリカ、アフリカ、アジア、オセアニアで世界規模の争いを演じたのである。

開国前の日本とイギリスの歴史は、全く異なるものであった。しかしアメリカ、イギリスなどの強国によって強引に国際社会に引きずり出された日本は、やがてイギリスなどをまねて植民地経営を行なうようになる。

日本が一九世紀末から植民地経営に乗り出したことだけが、日本とイギリスの過去の歴史の共通点といってよい。

太平洋戦争のときに日本軍は、イギリス領のシンガポールやビルマに侵攻したが、これも一連の植民地争奪戦の一つであったと評価できる。

帝国主義の全盛期である二〇世紀はじめには、カナダ、オーストラリア、インド、エジプト、南アフリカをはじめとする多くの地域がイギリスの支配下におかれていた。「大英帝国」の国境線に囲まれたイギリスの領土は最大となったのだ。

しかし第二次世界大戦後、植民地が次々に独立したため、現在のイギリスの領土はイギリス本土といくつかの島だけになってしまった。

❖江戸時代以前の安定した日本の国境

江戸時代以前は、日本の国境が大きく変わることはなかった。一三世紀末のモンゴルによる元寇（げんこう）は、日本の武士たちに追い返された。つまり他の民族が日本列島に侵攻して日本を支配した例は、全くなかったのだ。

新羅（しらぎ）の朝鮮半島統一（六七六年）以前に、日本軍が朝鮮半島で小ぜり合いをしたことはあった。豊臣秀吉は一六世紀末にスペインやポルトガルにならった海外雄飛をもくろんで朝鮮出兵を行なったが、その企ては失敗に終わった。このような特別の例外を除けば、日本が江戸時代以前に他国に攻め込むこともなかった。

九州から東北地方南部にいたる日本列島の主要な地域は、六世紀頃から皇室（王家）のもとにまとめられた一つの国であり続けたのだ。そして奈良時代から平安時代はじめにかけて、東北地方の北部、中部の大部分が日本に組み込まれた。

江戸時代直前に、北海道南端の松前（まつまえ）が日本の一部になった。江戸時代はじめには、中央から独立していた琉球王国が薩摩藩に征服されて、その支配下に組み込まれた。その後江戸幕府は北方の開発を少しずつ進めさせて、一八世紀末から北海道と北方四島を日本領とした。しかしこれはあくまでも形式的なもので、当時の松前藩領以外の北海道は二万人足らずのアイヌと僅かな日本人（和人）の商人が住む寒冷地であった。

本格的な北海道の開拓は、明治時代を待たねばならない。

図3　平安時代初めと江戸時代初めの日本の領土

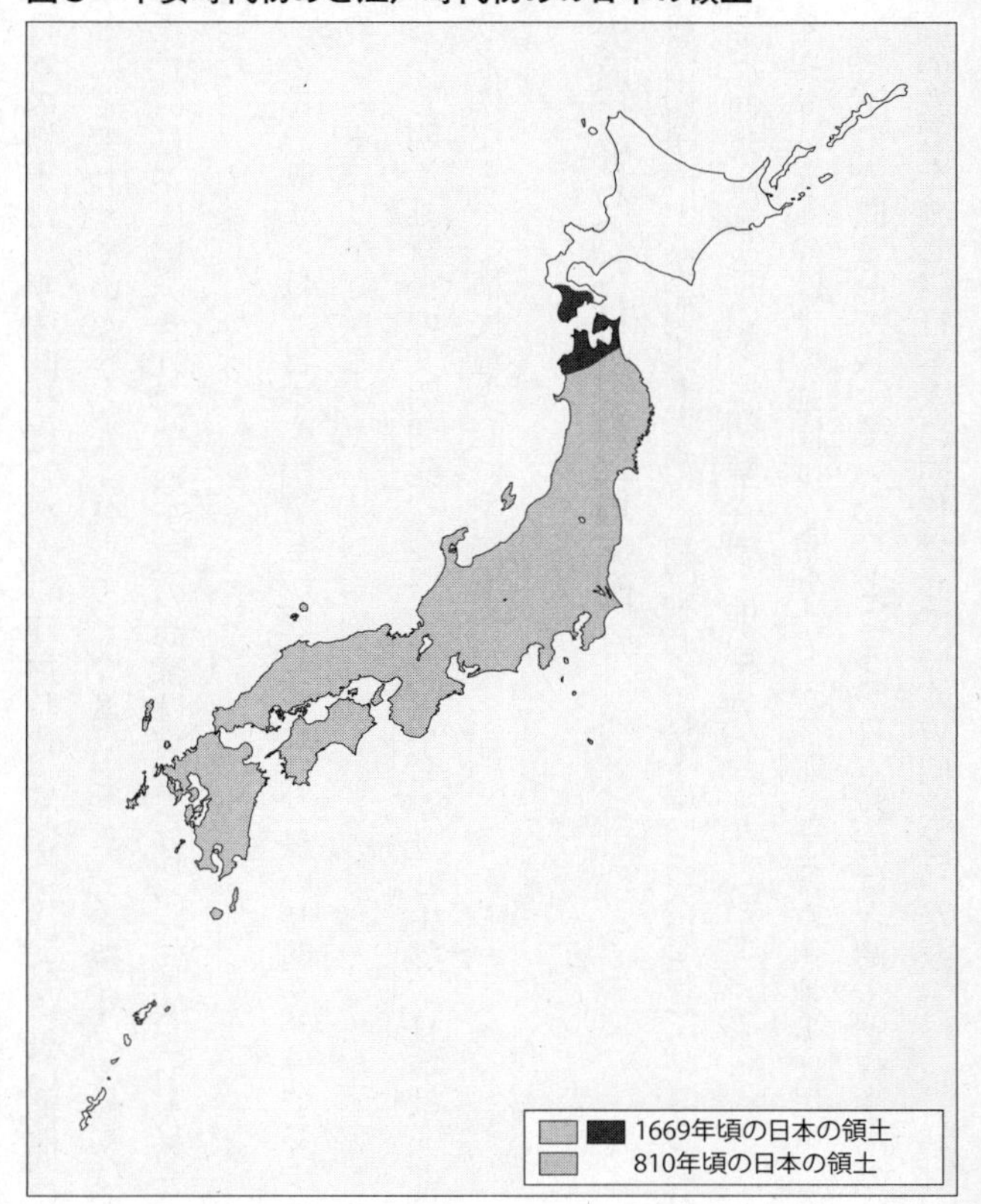

日本の領土は、平安時代はじめから江戸時代はじめにいたる長い期間にわたり、ほとんど変わっていなかった（41ページ図3参照）。一方、琉球（沖縄）は明治初年に正式に日本に編入され、琉球王室の尚家は東京に移って華族（旧大名と同格）となった。

このあたりまでは、日本の国境線が囲む領土は、長い時間をかけて多少拡大したものとみることができる。

しかし明治維新後の文明開化、ついで産業革命が進む中で、日本は一九世紀末から欧米にならって植民地支配に乗り出した。

❖失敗に終わった日本の植民地支配

日清戦争（一八九四―九五年）に勝利した日本は、台湾を得て、さらに日露戦争（一九〇四―〇五年）のあと朝鮮王国を併合した（一九一〇年）。

イギリスなどの欧米の強国は、自分たちが征服して得た領地の住民を、自分たちより格下の人間として扱っていた。ところが日本政府は台湾や朝鮮半島の住民に日本流の教育を施し、日本人に同化させていく方向をとった。

図４　日本の植民地の拡大

	明治13（1880）〈明治初年〉	明治43年（1910）〈第一次世界大戦前〉	昭和14年（1939）〈最大の領土を保有した時期〉
北海道	78,561	78,561	78,561
本州	230,448	230,448	230,448
四国	18,771	18,771	18,771
九州	42,078	42,078	42,078
小笠原諸島	103	103	103
琉球諸島	2,386	2,386	2,386
千島列島	10,214	10,214	10,214
南樺太	—	36,090	36,090
朝鮮	—	220,792	220,792
台湾本島	—	35,834	35,834
澎湖諸島	—	127	127
（関東州）	—	(3,462)	(3,462)
（南洋群島）	—	—	(2,149)
（新南群島）	—	—	(5)
合　計	382,562	675,406	675,406
		(678,868)	(681,020)

（　）の中は租借地や委任統治領を合わせたもの

	昭和30年（1955）〈サンフランシスコ講和条約締結後〉	昭和43年（1968）〈小笠原返還後〉	昭和47年（1972）〈沖縄返還後〉
北海道	78,509	78,513	78,515
本州	230,449	230,722	230,822
四国	18,758	18,772	18,782
九州	41,947	41,993	42,030
沖縄	—	—	2,244
合　計	369,662	370,000	372,393
（北方四島）	(4,996)	(4,996)	(4,996)
北方四島を合わせた合計	(374,658)	(374,996)	(377,389)

日本の国土の面積は戦後に埋め立てなどによって増加した。

後世の目で見れば、これは明らかに失敗であった。イングランド人が、ウェールズ人やスコットランド人、アイルランド人を自分たちの指導のもとにイギリス人としてまとめていったことを知る、明治政府の指導者が多くいたのだろうか。かれらは台湾や朝鮮半島で、イギリスと同じことをしようともくろんだのだろうか。

しかしイングランド人とスコットランド人などの他系統のイギリス人は、長い交流の歴史を経たうえで連合王国をつくった。ところが日本人と、朝鮮民族、台湾のネイティヴ(高砂族〈たかさごぞく〉)や台湾に居住する中国人は、まったく別物である。

ヨーロッパの強国が世界の主要な地域を囲い込んだあとに植民地経営を始めた日本は、強国の支配が及んでいない自国の周辺に勢力を広げるしかなかった。それでも太平洋戦争開戦の時点で、日本の領土は明治初年の二倍近くまで拡大していた。

しかし日本の敗戦により、かつて日本の植民地であった地域の人々は日本から離れ、植民地を失った日本は再び日本列島の小国となって現在にいたっている。

これまで述べてきたように、国境をめぐる日本とイギリスの歴史は大きく異なる。共通点は、イギリスも日本も近代に植民地を支配する側に回ったことぐらいである。

世界的にみて、日本のような国境のわかりやすい国は珍しい。中国という日本の隣国の強国は、日本のある東に大して関心をもたなかった。また日本と大陸との間には、朝鮮という小さいながらも自立した民族がいた。しかも日本と朝鮮半島との間の対馬海峡の航路は、古代の航海術で風向きや天候が良くても三日かかる距離を有していた。

そのため日本では、「日本と朝鮮半島の国（朝鮮王国など）と中国は別物」という考えが当然のものとされていた。こういったことが、他の民族から侵略を受けず、他国へも進攻せずにきた日本の歴史をつくったのであろう。

これに対してイギリスは島国であってもユーラシア大陸に面しており、その距離も極めて近かった。イギリスのドーヴァーとフランスのカレーの間の距離は、四〇キロメートル足らずである。

しかもイギリスには一貫して、

「自国はヨーロッパ世界の一員である」

という意識がみられた。これは、一世紀のローマのブリタニア征服以来のものだと考えられる。

「権力は、力を用いて得るものである」

「強者は、他民族を思いのままに支配する資格をもつ」

ヨーロッパ世界では、このようなローマ的な発想が、当然のものとされていた。そのためイギリス(イングランド)の君主は、ヨーロッパ流の考えに従って、ヨーロッパの強国と何度も戦うと共に、非ヨーロッパ世界で植民地支配を展開してきたのだ。


本書では、これから日本と全く異なる世界のさまざまな地域の国境の歴史を紹介していく。その手始めに、日本の歴史と深い関わりをもった、朝鮮民族の国境の歴史についてみておこう。

第二章

朝鮮民族はなぜ、分裂国家の時代が長いのか？

❖独自の文化、伝統に強い愛着をもつ朝鮮民族

本書では、朝鮮半島に居住してきた朝鮮語を使う人々を、「朝鮮民族」と呼ぶことにする。現在、北朝鮮（朝鮮民主主義人民共和国）と韓国（大韓民国）を支援するアメリカ（アメリカ合衆国）との間で緊張が高まっている。北朝鮮と韓国は朝鮮半島を二つに分断して対立してきたが、朝鮮王国の時代（一三九二―一九一〇年）には、李氏を王家として朝鮮民族は一つの国にまとまっていた。

ところが一九一〇年の日韓併合によって、朝鮮半島は日本の支配下に組み込まれた。そして太平洋戦争で日本が敗れたあと、朝鮮半島は北部の北朝鮮と南部の韓国に分裂した。

その後北朝鮮と韓国はそれぞれ別々の歴史を辿ってきたが、どちらの国にも「朝鮮民族は一つにまとまるべきである」と主張する人々が多い。

朝鮮民族は、自国の伝統に深い愛着をもっている。自家の詳しい系譜を伝えて親族のつながりを重んじ、朝鮮民族独自の文化と融合した形の儒教の習俗を重んじ続けている。

朝鮮半島の外に、数百万人の朝鮮民族が住むといわれている。海外在住の朝鮮民族は、まとまって行動することが多い。北朝鮮に隣接する中国東北地方には二〇〇万人余りの朝鮮民族がいるが、かれらは衣食住をはじめとしてすべて朝鮮半島風の生活を送っている。

中国東北地方への移住者の多くは一七世紀以後に、より良い生活を求めて、国境を越えてきた人々である。延辺(えんぺん)朝鮮族自治州などの朝鮮民族の自治区もあるが、朝鮮民族が独立を求めたり、自分たちの居住地を北朝鮮に合体させようとしたりする動きは全くない。

他国と同化しにくい朝鮮民族は、外国人から排他的な民族とみられることもある。

❖個性の強い文化をもった古代の朝鮮民族

日本人は江戸時代まで他の地域から自立した独自の歴史を辿ってきたが、朝鮮半島の歴史にも日本に似た要素がいくつかみられる。

世界の多様な言語は、いくつかの系統に分かれているが、日本語と朝鮮語はその中のどれにも属さない独立した言語とされている。しかも多くの言語学者が、日本語と朝鮮語の間にほとんど共通点がみられないとしている。

これに対して、朝鮮半島の北隣りに本拠をおいた満州族（女真族）の言葉は、アルタイ諸語という大きなまとまりの系統に属する言語とされている。アルタイ諸語は、シナ・チベット諸語とならぶ、アジア人の言語の中の最も有力な集団になる。

このアルタイ諸語は、さらに三つに分かれる。トルコ語、ウイグル語などのチュルク語派、モンゴル語、契丹語などのモンゴル語派、満州族やツングース系民族のマンシュウ・ツングース語派である。

現在の朝鮮民族の半数以上は、満州族の系譜を引くと推測されている。古代に朝鮮半島に移住してきた満州族は、そこにもとからいた先住民の言語を身に付けて、朝鮮民族となっていったと考えられる。

はっきり国境が確定する前には、異なる民族の居住地の境界近くに住む人々は、自然に二つの言語を使いこなせるようになっていた。そのため古代には満州族の言葉と古代朝鮮語を話す者や、古代朝鮮語と古代日本語（やまと言葉）に通じた者が多くいたとみてよい。

朝鮮民族は、騎馬の風習をはじめとする多くのものを満州族から学んだ。さらに漢字、漢文などの先進文化が、中国から朝鮮半島にもち込まれた。それでも朝鮮民族は固有の文化にこだわり、外来の文化をそのまま受け入れるのではなく、独自の文化の中にとり込んでいったのである。

古代の日本文化も、独立した言語のうえにたつ個性の強いものであった。

✣小帝国として自立した朝鮮の新羅王国

このあと（56ページ）詳しく説明するが、古代の朝鮮半島の歴史をみていくと、朝鮮半島が隣りの中国や満州族の国に併合されてしまってもおかしくない位置にあったことがわかってくる。

しかし七世紀末に朝鮮民族がつくった新羅王朝が朝鮮半島を統一したあとは、おおむね独立国の形をとってきた。

新羅は、中国と朝貢貿易（中国皇帝の家来の資格で貿易をすること）を行ない、中国の属国として扱われてはいた。しかし新羅は統一後に律令という中国風の法を整備して中国の政治や外交を学び、

「自国は中国皇帝が支配する世界帝国の中の小帝国である」
と主張するようになった。この主張は、新羅のあとの高麗(こうらい)と朝鮮王国にも受け継がれた。朝鮮民族は、
「私たちは、中国民族とも日本民族とも異なる独立した存在である」
と考えて周辺の国々と交流し続けたのだ。

このような朝鮮の諸王朝は、武力による領土の拡大を避ける方針をとってきた。朝鮮民族のような小勢力が他国と全力で戦争をすれば、逆に自国を奪われかねないからだ。しかも、すぐそばに中国という大国がある。

またモンゴルの進攻と、豊臣秀吉の出兵を例外と考えれば、朝鮮の諸王朝が他国の侵略を受けた例はなかった。北方からの侵略者は朝鮮半島よりも、豊かな中国を目指すことが多かったからだ。

このような朝鮮の諸王朝が、防波堤のような役目をはたしてくれたために、日本は江戸時代まで外部の侵攻から隔てられた地であり続けることができたのである。

❖朝鮮民族は複雑な成り立ちの複合民族

前（21ページ）に述べたように日本人は複合民族であるが、日本人の多くは縄文人の流れをひく人々だと考えられる。そのため日本文化の基盤には、間違いなく縄文時代の精霊崇拝（アニミズム）が存在する。神道は、多くの自然物を祭った縄文時代の信仰を受け継ぐものなのだ。

図5　3世紀の東夷の文化の分布

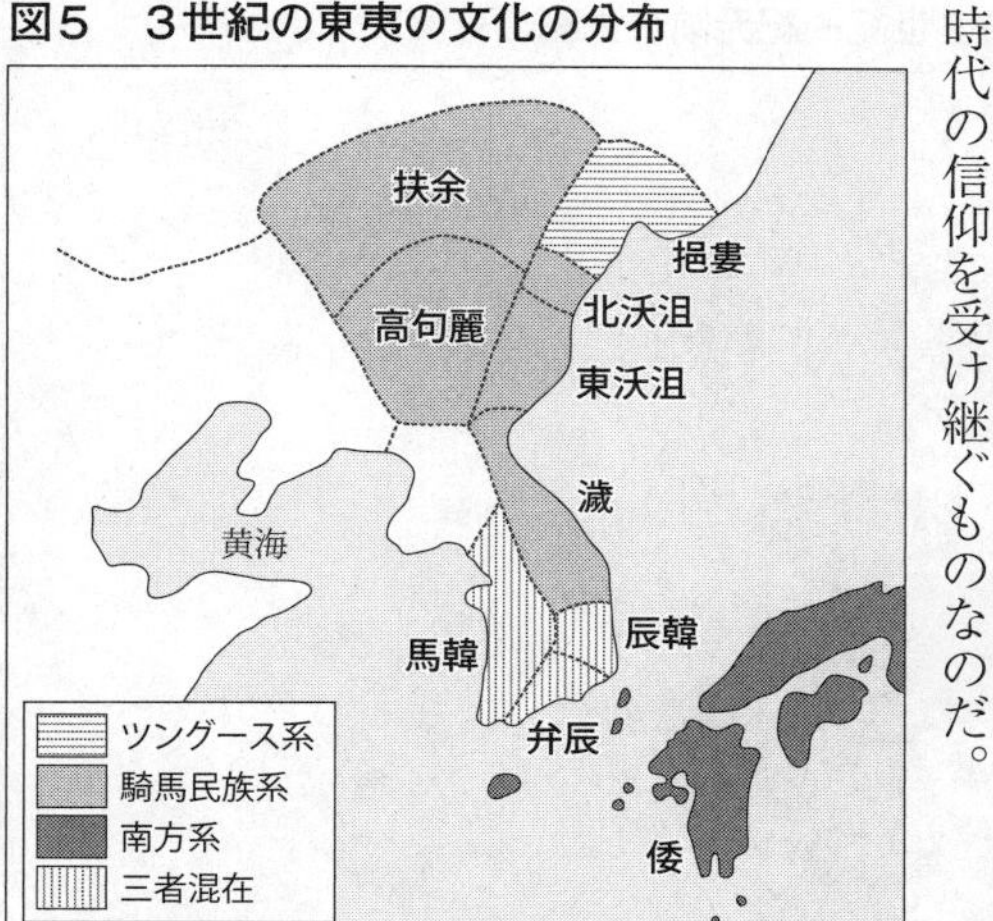

拙著『地図で読む「魏志倭人伝」と「邪馬台国」』（PHP文庫）

ところが朝鮮文化は、古くからさまざまな要素の入り混じった複雑でわかりにくいものになっていた。

三世紀の邪馬台国の時代に中国人が記した『三国志（さんごくし）』「東夷伝（とういでん）」に、興味深い記述がある。「東夷伝」の中の倭人の条（通称「魏志倭人伝（ぎしわじんでん）」）に記された倭国（わこく）（日本）の文化は、弥生文化そのもので中国の江南（揚子江流域）を中心に広まる南方系文化の要素が強い。この南方系の文化は弥

図6　紀元前7世紀〜紀元前6世紀の東夷

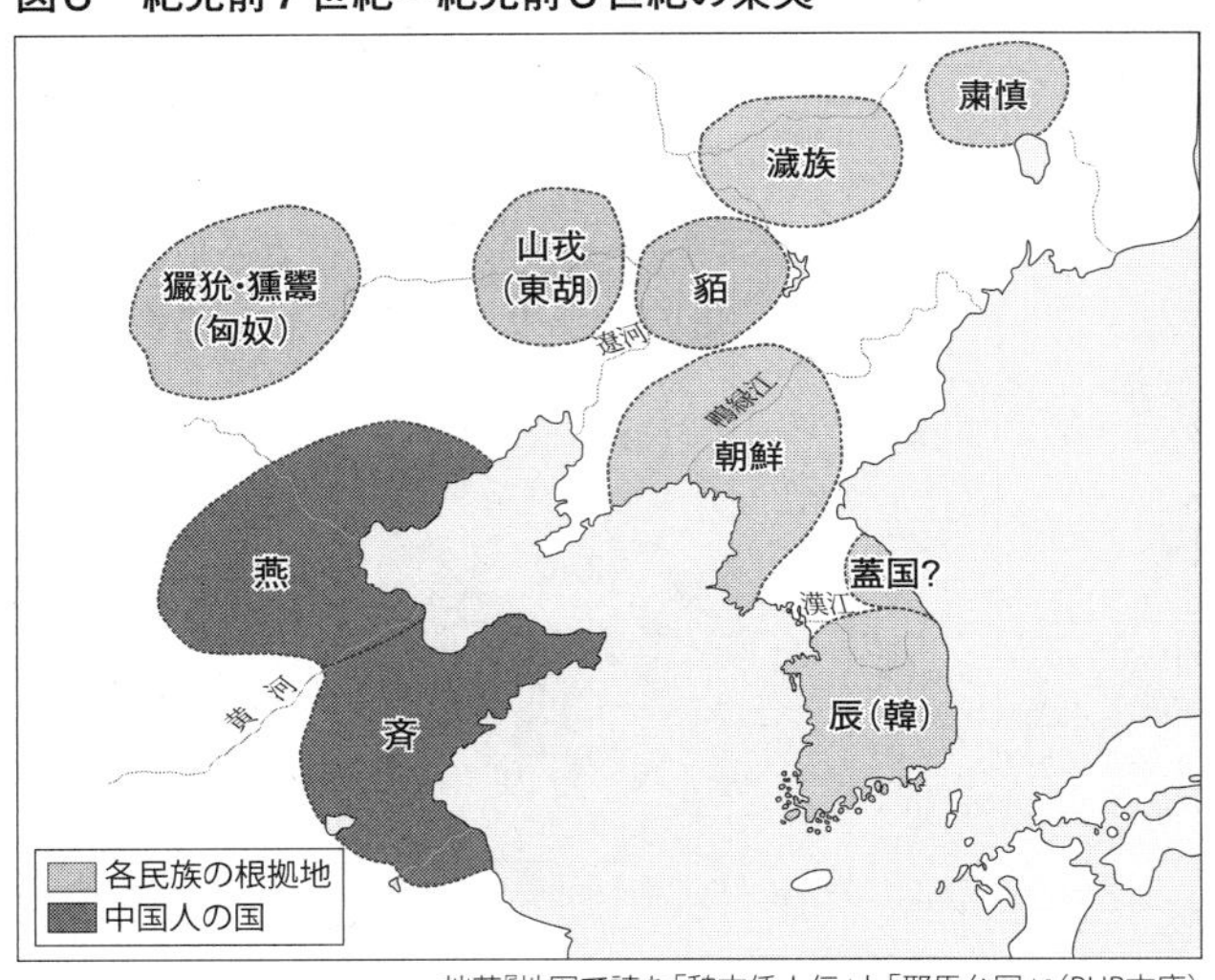

拙著『地図で読む「魏志倭人伝」と「邪馬台国」』(PHP文庫)

生時代のはじめに朝鮮半島南端経由で日本に伝わったものだ。水稲耕作の上にたつ南方系の文化は、雲南、フィリピン、台湾などの広い範囲にみられる。

ところが三世紀の朝鮮半島の北部と南部には別々の文化が広まっていた。この時代の北部の黄海側は中国領であるが、朝鮮半島北部には騎馬民族系の文化の国々が多く、南部の国々では、騎馬民族系、ツングース系、南方系の三種類の文化が混じり合った情況であった。

図5を見る限り、

「朝鮮文化の基盤となった単一の文化はなかった」

と言わざるを得ない。

中国の文献から復元される古い地図によれば、朝鮮半島北部に朝鮮族がおり、朝鮮半島南部に辰族とか韓族（韓人）と呼ばれる人たちがいたことになる。さらに韓族の地の北方の日本海側には、蓋国という独立した国もあったらしい。

この蓋国は濊人の国である。濊人は、沿海州から日本海側を南下してきたツングース系の人々であった。韓族の故郷は、中国東北地方であったらしい。かれらは騎馬民族の満州人（女真人）とは異なる系統のアジア人であったと考えられる。

この他にある程度の数の日本列島の縄文人が、海を渡って朝鮮半島南端に移住しており、中国人から倭人と呼ばれていた。

図７　濊人・韓人・倭人の来た道

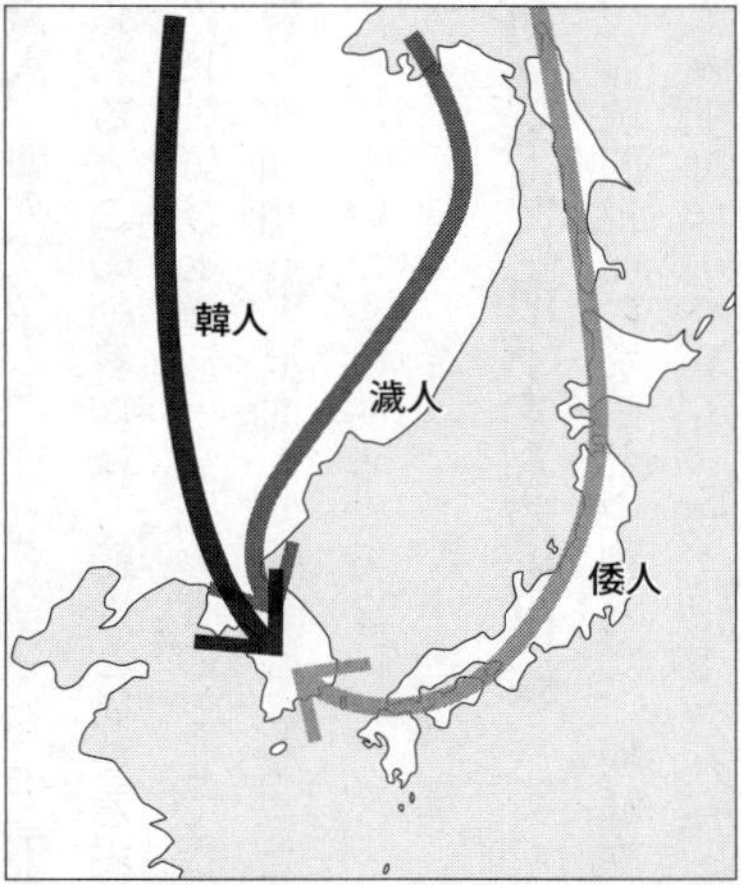

拙著『「地形」で読み解く世界史の謎』（PHP文庫）

濊人、韓人、倭人がいるところに、中国東北地方から朝鮮族が南下してきたと考えられる。この朝鮮族は、韓人と異なる民族であった。古代の中国の文献では、明らかに朝鮮族と韓族とを別のものとして扱っている。

韓族が満州族と混血して朝鮮族になったのか、中国東北地方に韓族と朝鮮族の二つの民族がいたかは明らかでない。

❖朝鮮半島に南下する騎馬民族

紀元前四世紀になると中国人が、朝鮮族のいる朝鮮半島北部に南下してきた。中国人と朝鮮族の交易もさかんになされたのであろう。そして中国前漢(ぜんかん)朝の武帝(ぶてい)は、紀元前一〇八年に現在の平壌あたりを中心とする中国系の人々のいる地域を征服して植民地とした。

この前後から高句麗(こうくり)人などの満州族の騎馬民族が、多く朝鮮半島に移住してくるようになった。かれらは、中国風の文化が広まり始めた朝鮮半島にあこがれたのであろう。

騎馬民族が多く移住してきたため、濊の地ではツングース系の文化に替わって騎馬民族系の文化が有力になっていった。

朝鮮半島の基礎となる文化は、朝鮮族と韓族の文化が混じり合ってできたのであろう。詳しいことは明らかではないが、朝鮮族と韓族は、朝鮮語のもとになった似た言葉を使っていたとみてよい。

このような朝鮮独自の文化と呼ぶべきものに、ツングース系、南方系、騎馬民族系の文化が混じり合って古代朝鮮の多様な文化をつくり上げてきたのである。

❖多くの地域の寄せ集めであった朝鮮半島

古い時代の朝鮮半島全体が、全く同じ文化をもっていたわけではない。朝鮮半島北部には朝鮮族や騎馬民族の文化と中国文化が混じり合った文化があり、朝鮮半島南端には韓と倭のものが融合した文化があった。

四世紀はじめに中国の勢力が後退し、高句麗が中国の植民地であった楽浪郡と帯方郡を自国に併合した。このあと高句麗の南方への拡大にともなって、中国東北地方の騎馬民族が大量に南下した。

このような複雑な経緯の中で、多様な系統の民族が朝鮮半島で混じり合い、狭い地域ごとに異なる個性をもつ文化を生むことになった。そのため朝鮮半島は、異なる文化の地域ごとに多くの地方豪族が分立する形になったのだ。

新羅王朝は、騎馬民族系の文化の上に中国文化を取り入れて、日本とも中国とも違う独自の文化をつくったが、新羅の中央政府が地方まできっちりと治めたわけではない。

このような情況は、新羅の次の高麗時代、さらに朝鮮王国の時代にいたるまで続いた。そのあと日本が朝鮮半島を統治するが、日本がおいた朝鮮総督府(そうとくふ)が朝鮮半島をすみずみまで把握できたわけでもない。

日本の役人は、都市や交通路を整備したが、かれらは知識層を取り込んだだけで、各地の固有の習俗は、日本化せずにもとのままに残された。

❖朝鮮半島を分割したアメリカとソ連

日本が太平洋戦争で敗れたあと、連合軍は北緯三八度線を境に、その北側をソ連(ソヴィエト社会主義共和国連邦)軍、南側をアメリカ軍が支配するという取り決めを結んだ。

これ以前に朝鮮半島で独自の共産党組織がつくられており、さらに金日成（キムイルソン）などソ連に亡命していた有力な共産党員もいた。ソ連は第二次世界大戦後の朝鮮北部に社会主義政権をつくろうと考えていた。

そのためかれらは一九四六年二月に、金日成を、北朝鮮臨時人民委員会の委員長に任命した。これは、ソ連が東ヨーロッパの国々に社会主義政権を打ち立てたときのやり方にならったものだった。

北朝鮮臨時人民委員会はその年の十一月に総選挙を実施し、一九四七年に金日成を指導者とする新たな社会主義政権を発足させた。

朝鮮半島南部では、一九四五年九月からアメリカの軍政が行なわれた。そのときアメリカの大学で学びハワイの在留朝鮮人社会で独立運動を行なっていた、李承晩（イスンマン）という人物がいた。アメリカは、かれを新たな指導者とすることをもくろんで朝鮮に帰国させた。

軍政下で朝鮮半島南部の政情が安定した一九四七年、アメリカは国連にはたらきかけたのち朝鮮半島全域で選挙を実施することをソ連に呼びかけた。ところがソ連はその提案を拒否した。

朝鮮南部の人口が朝鮮北部の人口より多いので、選挙を行なえばアメリカに有利な結果が出ることが明らかだったからである。そのためアメリカは一九四八年に朝鮮半島南部だけで選挙を行ない、李承晩を大統領とする韓国を新たに建国させた。

これによって朝鮮民族は、社会主義をとる北朝鮮と民主主義をとる韓国の二国に分断されたのである。ソ連とアメリカの思惑によって、ドイツとベトナムもこれと似た経緯で二つに分けられた。社会主義の東ドイツ、北ベトナムと民主主義をとる西ドイツ、南ベトナムがならび立つことになったのである。

❖多くの犠牲者を出した朝鮮戦争

朝鮮半島の三八度線は、軍事境界線から事実上の国境へと変わった。この三八度線をはさんで、金日成政権と李承晩政権が対立したのだ。どちらも

「私たちが、朝鮮半島全域の正当な指導者である」

と主張していた。

このような不穏な情況の中で、ソ連軍が一九四八年に、アメリカ軍が翌一九四九年に朝鮮半島から撤退し、それからまもない一九五〇年六月に、三八度線の国境で

図8　朝鮮戦争の経過

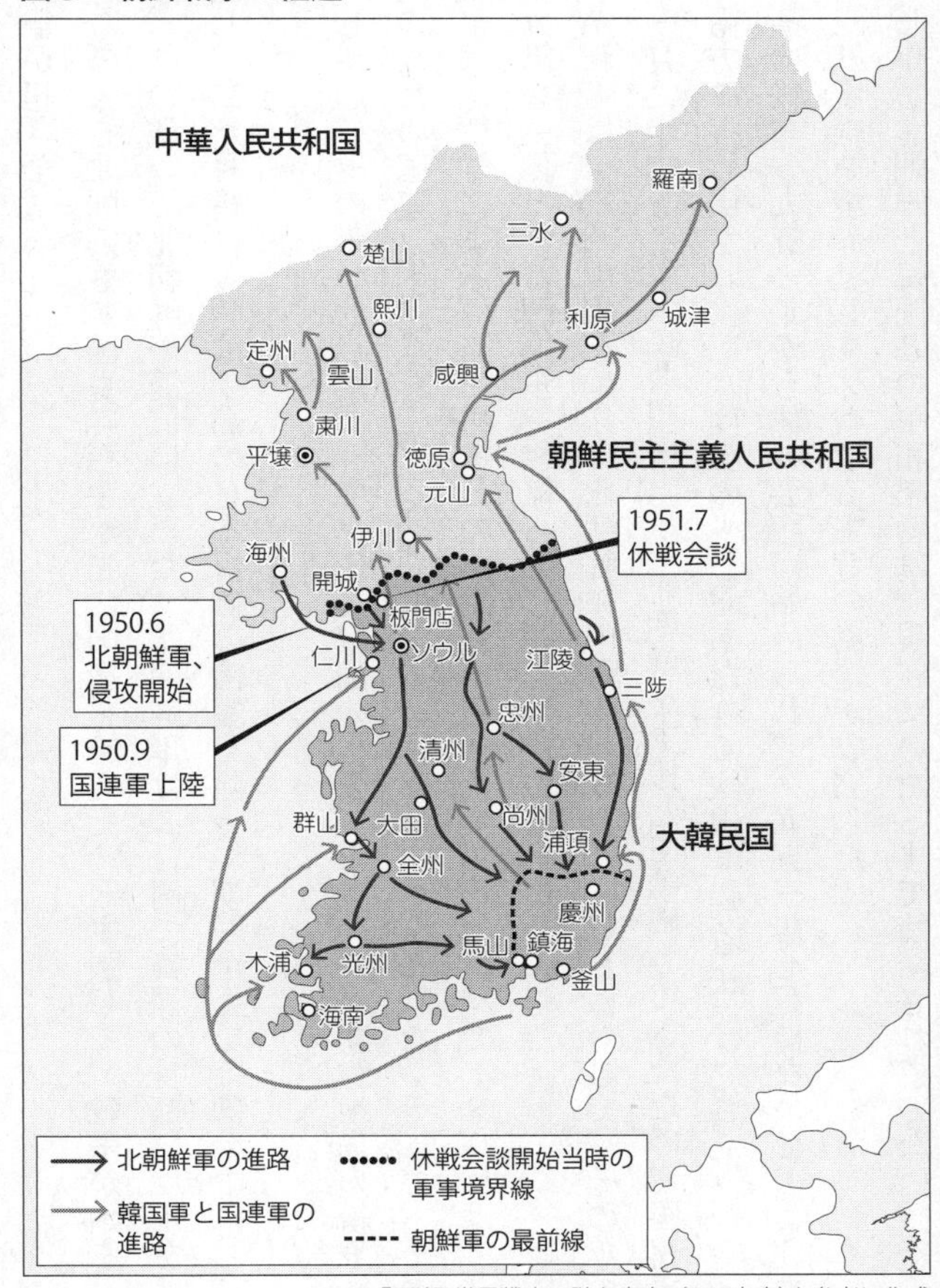

『[図解]世界戦史の謎と真実』（PHP文庫）を参考に作成

紛争が起きた。

このとき北朝鮮も韓国も「相手が先に国境を越えた」と主張して、戦争が始まった。この戦いで北朝鮮が優位に立った。北朝鮮軍は二日間で韓国の首都ソウルを征圧し、二か月後には朝鮮半島の日本海側の南端を除いて朝鮮全土をほぼ手中におさめた。

しかし、その年の七月になってソ連と中国の代表が不在の中、朝鮮半島の紛争解決のための国連（国際連合）の安保理（安全保障理事会）が開かれた。そして、その戦争は北朝鮮による侵略であるとの決議が出された。これに従ってアメリカはアメリカ軍を主体とする国連軍を組織して、朝鮮半島の戦争に介入した。

かれらは、三八度線を越えて北朝鮮領内深く侵攻した。これに対して、その年の十一月に中国（中華人民共和国）軍が北朝鮮を支援して参戦してきたため、国連軍は南方に押し戻され、三八度線の少し北あたりで戦線は膠着（こうちゃく）状態になった。

その後、一九五一年から休戦会議が始められ、一九五三年七月になって、ようやく三八度線を境界として休戦する主旨の協定が成立した。

しかし北朝鮮と韓国との平和条約は、現在にいたるまで締結されていない。その

ため朝鮮の人々の多くは、

「休戦はあくまでも休戦であって、北朝鮮と韓国は現在も戦争状態にある」

と考えている。

いまでも三八度線をはさんで、両軍の小ぜり合いが時折起きる。北朝鮮も韓国も、相手側の民衆に対して、相手の政府を非難する宣伝をしきりに行なっている。

二つに分断されたベトナムとドイツは、のちに統一された。しかし北朝鮮と韓国は互いに意地を張り合って、別々の道を進んでいる。

朝鮮民族は「朝鮮民族は一つ」という意識を強くもっているが、「政府のもとに一つにまとまりたい」という意欲はそれほど強くない。北朝鮮も韓国も、多数の地域や仲間意識の強い親族集団の寄せ集めにすぎないのであろう。

国内が乱れたときに強い指導力をもつ人間が現われ、自立性の高い多くの集団が新たな指導者のもとに集まる。そのあと前の王朝が倒れ、新たな指導者が起こした王朝が朝鮮半島全体を統一することもある。また新たな指導者に不満をもつ集団が別の指導者を立てて、朝鮮半島が二分される事態も起こる。

これに朝鮮北部の人間と朝鮮南部の人間の気質の違いが絡むと、朝鮮半島が南北に分裂することになる。

朝鮮半島には、日本の皇室のような朝鮮民族全体から慕われる君主は現われなかった。

北朝鮮政府を牛耳るのは、金日成の子孫とその側近である。また韓国では、限られた財閥が政治経済の主導権を握っている。朝鮮民族が一つの国のもとにまとまる日は、訪れるのだろうか。

長期にわたって日本と自国は別物としてきた中国が、近年になって尖閣諸島付近の日本の領海への侵入を繰り返している。次章では中国の海洋進出を中心に、東アジアのもう一つの国である中国についてみていこう。

第二章

古代中国の海洋政策から考える、中国の海洋進出の目論見とは？

❖尖閣諸島や南沙諸島を狙う中国

近年、中国の海洋進出の脅威に関わるニュースがしばしば流れる。中国船や中国空軍の飛行機が、日本領の尖閣諸島に接近してきたというのだ。これとは別に中国は南シナ海の南沙(なんさ)諸島の海域で海を埋め立てた人工島をつくり、そこに滑走路まで設けて飛行場をおいた。

「中国船が、小笠原諸島まで来て日本の領海のサンゴを取った」「中国は、日本の沖ノ鳥島領有に抗議している」などの報道もあり、こうした話を合わせてみると、

「そのうち中国は沖縄や小笠原諸島まで狙ってくるのではあるまいか」

とまで思えてくるというジャーナリストもいる。

「中国は、太平洋の利権をアメリカと分割し、太平洋の西半分を自国の勢力圏にしようともくろんでいるのではないか」

という噂まで、まことしやかに語られ、日本では中国の海洋進出に対する危機感が強まっている。

中国側が公表した文書によれば、現在のところ中国政府には、太平洋の西半分を

図9　中国周辺の海域の地図

『標準高等地図』(帝国書院)を参考に作成

支配するまでの野望はないらしい。とりあえず黄海、東シナ海、南シナ海を自国の海域とする政策をとっているようである。

東シナ海の日本と中国の領海の境は、「日中中間線」とすべきである。ところが中国は、「中国大陸の大陸棚は、すべて中国のものである」と主張して、「日中中間線」の海域にガス田開発施設を建設した。

中国はそれとともに海底の石油資源が豊富な南シナ海全域を支配することを狙い、フィリピン、ベトナム、マレーシア、ブルネイ等と争っている。特に近年では、南沙諸島の領有権を強く主張するベトナムと中国との対立が高まっている。

❖海上交通に関心がなかった古代中国の王朝

中国が海洋進出に力を入れ始めたのは、中国の経済成長が進み石油などの大量のエネルギーを必要とするようになった二〇〇〇年前後かららしい。

戦後まもない一九四九年に中国共産党が、中国国民党を追って中国全土を征圧した。このとき国民党は台湾に逃れ、そこで自由主義の国をつくった。このあとアメリカは台湾（中華民国）を支持し、アメリカ海軍と沖縄のアメリカの基地によって中国の封じ込めをはかった。

アジア東方の海域はこのような形で終戦後、長期間にわたってアメリカの主導下におかれたが、近年になって中国が海軍を増強しアメリカの支配に異を唱え始めたのである。

長い中国の歴史をみていくと、中国は東方の海域への関心が、近年まできわめて低かったことがわかる。地理的にみれば、中国は北、西、南の三方を陸地に囲まれており、東正面にしか海がない。

このような中国では、黄河と長江（揚子江）が重要な交通路になっていた。古い時代には、天気により荒れやすい海より、すぐ陸地に避難できる河川を航行するのが安全である。古代の中国王朝の多くは、黄河の上流域の長安（ちょうあん）や黄河中流域の洛陽（らくよう）を王都としていた。

古代中国の諸王朝が関心をもっていたのは、自国の北方に発し、そこから西方につらなるシルクロード方面であった。シルクロードでは盛んに交易が行なわれ、さまざまな西方の異文化が中国に入ってきた。それと共に古代中国の諸王朝は、北方の草原に住むモンゴル族やトルコ族の侵入にも対抗しなければならなかった。

これに対して南方のベトナム方面や、東方の朝鮮半島、日本には、中国より優れた文化もなく中国を脅(おびや)かす勢力もなかった。そのため、中国の東方の航路の開発は十分にすすまなかった。

❖モンゴルが南宋の水軍を得る

中国では、黄河文明の時代（紀元前五〇〇〇年頃成立）から高度な文化が発展していた。そのため秦(しん)朝が中国を統一した（紀元前二二一年）のち、次のような中華思想が唱えられるようになった。

「中国の皇帝は、世界の中心にいて世界を治める偉い人間である。だから周囲の国の君主は、中国の属国となって中国の官爵(かんしゃく)をもらい、朝貢貿易をさせてもらう立場にある」

というのだ。絹織物、陶磁器などの上質な商品をもつ中国には、何もしなくても各地の商人が集まってきた。

それでも南宋(なんそう)（一一二七―一二七六年）の時代になると、商船で朝鮮半島や日本などの近くの海域に漕ぎだし、貿易を営む中国商人が出てきた。その頃には、イスラム圏の商人も東南アジアまで来るようになっていた。

その時代の中国北部は女真族（満州族）の金王朝（一一一五―一二三四年）に支配されていた。そのため南宋は、シルクロードではなく海上の道を用いた西方との交易を細々と行なうほかなかった。

南宋の時代には中国の商人が新たに東南アジアの都市におもむいて、イスラム圏の商人と取り引きするようになった。

しかし南宋の政府が、貿易を主導することはなかった。かれらは金の侵攻に備えるために、長江を守る水軍の育成だけに力を入れていた。

金は一二三四年にモンゴル帝国に滅ぼされた。さらにモンゴル帝国の五代目皇帝フビライのときに、帝国を四つに分ける政策がとられた（109ページの図16参照）。これによってフビライはモンゴルと中国北部の君主となり、国号を元（大元ウルス）と定めた（一二七一年）。

それからまもない一二七六年に南宋はフビライ率いる元軍に倒された。このとき南宋の有力者の多くが、モンゴルに投降した。そのため南宋の水軍は、そのまま元朝の水軍となった。

❖モンゴルのもとで海上の道がひらけていった

有力な水軍をもつ南宋の造船技術を得たフビライは、それからまもなく多くの船を建造して日本を侵攻するために三五〇〇艘の水軍を送り出した。これが二度目の元寇、弘安の役（一二八一年）のときの江南軍である。一〇万の江南軍は、朝鮮半島から来た四万の東路軍と共に博多に攻め寄せた。

前回の文永の役（一二七四年）のモンゴル軍が二万六〇〇〇人ほどであったことからみて、モンゴルが十分な勝算をもったうえで今回の元寇を敢行したとみてよい。

しかし弘安の役の元軍は、鎌倉幕府のもとで団結していた日本の武士の奮戦によって上陸を阻まれるうちに、台風にあって潰滅した。

弘安の役は失敗に終わったが、元朝は有力な海軍をもち、東南アジアからベンガル湾にいたる海上交通路を支配下においた。フビライの弟フラグは南宋滅亡以前にすでにバグダードなどのイスラム圏を征圧し、そこにイル・ハン国（フレグ・ウルス）を建国していた（一二五八年）。

イスラム商人はすでに、イル・ハン国の支配下にあった。そのため中国、東南アジアからインドを経てペルシア湾にいたる海上交通路は、すべてモンゴルの手中にあったことになる。中国商人はアラビア海を通って来たイスラム商人とベンガル湾や東南アジアで取り引きしていた。

船を使えば、陸路を用いるよりはるかに効率よく商品を運べる。そのため元の時代に主要な東西の貿易路は、砂漠を通るシルクロードから海上の道へと替わっていった。モンゴルは草原を騎馬で駆けた陸上帝国であったと共に、海上帝国でもあったのだ。

しかし元は海上交通路上の、東南アジアやインドの国々には手を付けられなかった。フビライはいったん、ベトナム、インドネシア、ビルマに出兵したが、思うように計画がすすまなかった。そのためかれは、南方の国々をそのままにしておく方針に転換した。

❖南方の航路から手を引いた明朝

年表どおりに解釈すれば、日本の南北朝時代にあたる一三六八年に元朝から明朝への王朝交代があったことになる。

の航路を示した)

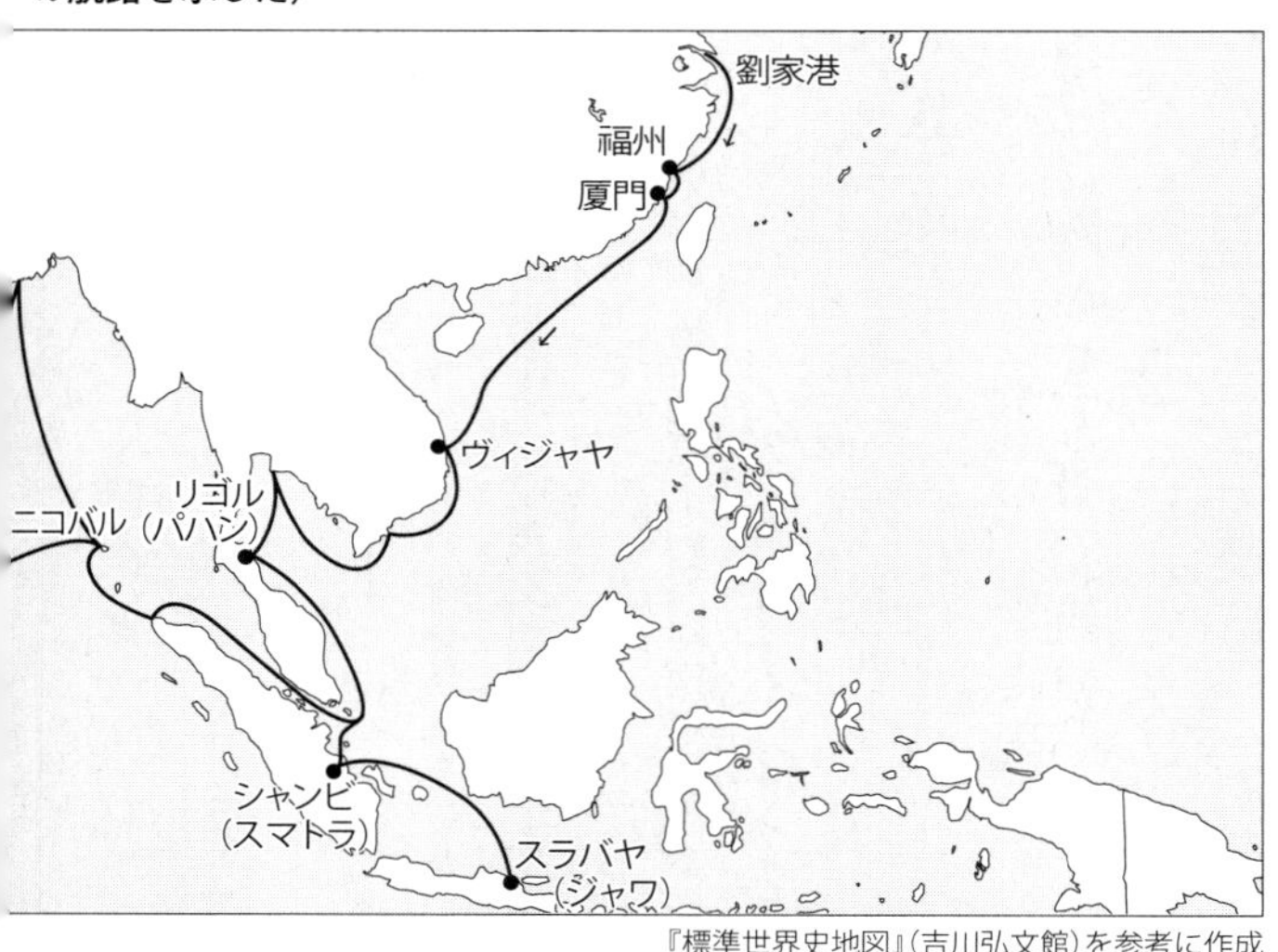

『標準世界史地図』(吉川弘文館)を参考に作成

しかしモンゴルの側からみれば、この政権交代は農民反乱の指導者、朱元璋(しゅげんしょう)に都の大都(だいと)(のちの北京)の周辺を奪われただけのものにすぎなかった。北方のモンゴリアに移ったモンゴル帝室は、この後も健在であった。北元は一三九一年まで続いた。そして一五世紀初めに北元が滅んだあとのモンゴルにオイラート部という新たな勢力が現われた。

中国に明朝が建ったが、軍閥の抗争などによる内乱が続いた。しかし明朝は次第に勢力を

図10　鄭和の南征路（7回にわたる航海で鄭和の艦隊が航海したすべて

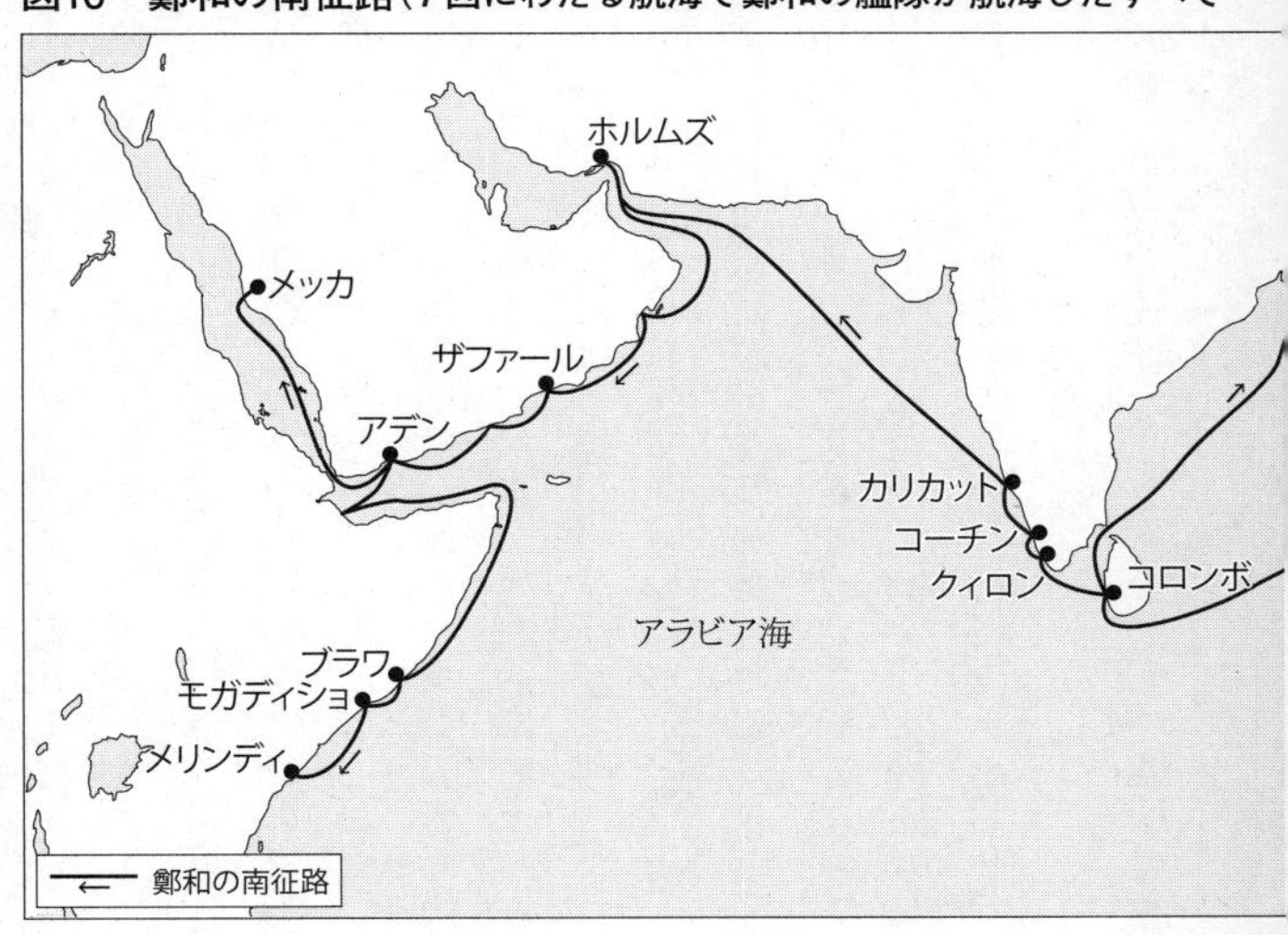

拡大し、朱元璋の子で三代目の皇帝になった永楽帝（在位一四〇二―二四年）のときに、ようやく中国国内を安定させた。この永楽帝は、元朝がひらいた南方の海上交通路を明朝の支配下におこうともくろみ、鄭和を指揮官とする大艦隊を南方の海の道に派遣した。一四〇五年から始まった鄭和の遠征は、一四三三年まで七回にわたって行なわれた。

　鄭和の第一回の遠征は大船六二隻に二万八〇〇〇名ほどの将兵を乗せた大兵力でなされた。

かれらは上海の近くの劉家港を船出して、チャンパ、ジャワ、スマトラからマラッカ海峡を通り、インド西岸に辿り着いた。

このときのジャワやスマトラには元代に移住した華僑（海外に住む中国人）がかなりいた。鄭和はスマトラのパレンバンの有力な華僑を、華僑の集団を指導する旧港宣慰使に任命するなどしている。

鄭和の第四回以後の航海は、インドのさらに先を目指すものであった。かれらはアラビア海を横切り、ペルシア湾沿岸のホルムズまで到っている。

永楽帝の時代には、鄭和の遠征が六回行なわれたが、次の洪熙帝は対外政策に消極的で、遠征の中止を決定した。そして永楽帝の二代あとの宣徳帝が立ったのち、鄭和の第七回遠征が行なわれた。このときに鄭和の艦隊の別動隊は、イスラム世界の中心にあたるバグダードを訪れている。

しかしこのような鄭和の大掛かりな遠征の成果は、一時的なものに終わった。明朝には南方の航路上の主要都市に役所をおいて、海上の道の貿易商を統制していくだけの能力がなかったためだ。

鄭和の最後の遠征からまもない、一四四〇年代頃から明朝は政治の乱れによって急速に衰えていった。しかもその頃モンゴルの西方を本拠とするオイラート部が、しきりに明朝の領域に侵入するようになった。そのため北方の敵に手いっぱいになった明朝には、南方の対外政策に兵力を割くゆとりがなかった。このあとの明朝は、南方の海上の道での華僑の自由な活動をそのまま認めて、遠方の商品を得るほかなくなっていった。

❖ヨーロッパの商人がもたらした衝撃

明代後半には商工業が大きく発展し、絹、陶磁器などの魅力的な商品が量産されるようになった。そのため一六世紀に入ったあたりから、中国沿岸において中国や日本、沖縄、朝鮮王国の海商と呼ぶべき航海者の活躍が目立つようになっていった。

一六世紀なかばになると中国周辺の貿易拡大に目を付けたヨーロッパの商人が、中国近海にまで活躍の場を広げてきた。ポルトガルは、明朝に一五五四年に広州（広東）での通商を許され、一五五七年にはマカオでの居住権を与えられた。これに遅れてスペインは、一五七一年にフィリピンのルソン島を占領し、そこを拠点に中国との通商を始めた。

明朝は、最初は珍しい商品をもって来るヨーロッパの貿易商を歓迎した。ところがしばらくして、ヨーロッパ相手の無制限な貿易拡大が中国の経済に大きな混乱をもたらすことに気付き始めた。

貿易は、ギリシア・ローマの時代からヨーロッパの国々にとって欠かせないものであった。食料の少ない国は、自国の特産品を輸出して他国から食料を得る。食料が余っている国は穀物を輸出して、ほしい物を手に入れる。

こういったことがきわめて古い時代から、当然のこととされていた。ところが中国、朝鮮半島、日本などの東アジアでは、農業が発展しており、長期にわたって、

「貿易とは、有力者が求める贅沢(ぜいたく)品を買い入れるためのものである」

という考えが体にしみついていた。

戦国時代の日本はまだ自給自足を基本とする段階であり、中国や朝鮮王国の庶民の多くも、まだ貨幣経済以前の生活をしていた。

ところがヨーロッパの強国では銀貨などの貨幣による取り引きが当然のこととされ、ユダヤ人主導のさまざまな金融システムも発展しつつあった。

「貨幣があれば何でも買える」といった発想のヨーロッパ商人の活動を目にするうちに、東アジア諸国の指導者は、
「このまま放っておけば、ヨーロッパ人の欲しがる商品が大量に流出し、国内が大混乱におちいる」
と恐れるようになったのだ。

✣厳しい海禁策を取り始めた明朝

明朝は建国時から私貿易（密貿易）を禁じる原則をとってきた。これは、政府に租税を納めたうえで自由貿易を奨励した元朝の政策を否定するものであった。

明朝が輸入する商品は、たてまえの上では、属国からの献上品とされた。しかしそのようなやり方では、十分な輸入品が手に入らない。そのため役人が賄賂をとって中国人商人の私貿易を見逃す行為が、日常的に行なわれていた。

交通の不便な古い時代には、限られた回数の属国の使節が来るだけで事足りた。しかし経済の発展した明代には、一方では朝貢貿易を行ない、もう一方では私貿易を見逃す、本来の朝貢貿易と異なる「たてまえの上での私貿易の禁止」をせざるを

得なくなっていた。東洋史の研究者はこのような政策を、「海禁策」と呼んでいる。明朝はじめの海禁策は、それほど厳密なものではなかった。しかしヨーロッパの商人の活躍が目立つようになると、明朝の政府は海禁策を重んじ厳しく貿易を統制するようになった。

江戸幕府は「鎖国」と呼ばれる政策をとり（一六三九年）、すべての貿易を幕府の管理のもとにおく方針を打ち出した。明朝でも朝鮮王国でも一七世紀に入ったあたりから、海禁策にもとづく海商に対する取り締まりが強化された。このあと清朝が明朝を倒して中国を支配した（一六四四年）が、清朝は明の海禁策を受け継いだ。

❖二〇世紀なかばまで続く海禁策の影響

清朝は当初、朝貢をする属国だけとの貿易を行なう海禁策をとっていた。しかしヨーロッパ強国の圧力によって、一六八五年に国王が臣従しなくてもヨーロッパの商人だけには貿易を認めると宣言せざるを得なかった。しかしそれは広東の港で、公行という組合に属する特権商人だけを相手とするものであった。

このあとイギリスに産業革命が起こり、ヨーロッパ諸国の経済は急速に発展した。そのためイギリスは武力を用いて清朝に自由貿易を認めさせ、清国を自国の工業製品を売りこむ市場にする方針を打ち出した。

一八四〇年にアヘン貿易をめぐる紛争によって、イギリスと清朝の間でアヘン戦争が起こった。この戦争はすすんだ兵器をもつイギリスの圧勝に終わり、清朝は戦争のあとで結ばれた南京（なんきん）条約で圧倒的に不利な条件の通商条約を認めざるを得なかった。これに続いてフランスやアメリカも、中国に不平等条約を押し付けた。清朝はしだいに欧米の強国の経済的支配のもとに組み込まれていったのだ。

清朝で一八六〇年代後半から、洋務運動と呼ばれる政府主導の西洋風の技術の導入が行なわれたこともあった。しかし西洋風の軍艦を集めた清朝の海軍は、日清戦争（一八九四―九五年）で日本に惨敗した。

これによって欧米の強国は清国の力を侮り、中国の要地を租借（一定の年数、借り上げること）して自国の勢力圏とする形の中国分割を始めた。一九一一年には辛亥（しんがい）革命が起こり、清朝は滅んだ。このあと中国では諸勢力の抗争が続き、中国の外交の主導権を握った国民政府は、清朝時代の流れを受けた欧米の強国や日本に翻弄され続けた。

第二次世界大戦後に中国共産党が、ようやく分裂状態にあった中国全土をまとめ、安定した支配を築いた。かれらは「私たちは強大な日本軍に勝利した」という自信をもって、中国を治めた。

この共産党のもとの中国政府が朝鮮戦争（一九五〇—五三年）で、アメリカという強国相手に互角の戦いをした。この勢いで中国は軍備の強化に力を入れて、アメリカとソ連に次ぐ第三の軍事大国にのし上がっていったのだ。

そして二〇〇〇年代に入ったあたりから、中国は東方の海域に対する圧力を高めてきた。もはや、明代や清代の海禁策の発想が全く通じない時代に変わったのだ。

中国の権力者たちは長期にわたって、

「中国は大国だから、他国の国々が私たちの欲しいものを持ち込んでくれる」

と考えていた。

しかし中国共産党政権ができたあと、中国政府は次第に貿易に力を入れるようになっていった。さらに中国経済が急成長した近年にいたって、それまで中国がほとんど関心をもたなかった東方の海域の資源に目をつけるようになった。

今後、かれらの海洋進出が世界の大きな脅威になることは明らかであろう。

第四章

ロシアはなぜ、北方領土の領有に固執するのか？

❖多難な北方四島の領土問題

二〇一六年に安倍晋三首相の故郷の山口県長門(ながと)市で、安倍首相とロシアのプーチン大統領の会談が開かれた。このときマスコミは、

「この会談で、長期にわたっての戦後の懸案であった北方四島の領土問題の解決の糸口が摑めるのではないか」

とこぞって報道した。プーチン大統領は少し前の二〇〇四年に、多少の譲歩を行ない中国との領土問題を解決した（116ページ参照）。だから北方領土の話し合いに何らかの進展があるのではないかというのである。しかし二〇一六年の会談では領土問題の目立った動きはなく、日ロ間の経済協力の話だけで終わった。

太平洋戦争終戦時まで択捉(えとろふ)島と国後(くなしり)島は、日本の領土であった。さらにその南方の色丹(しこたん)島と歯舞(はぼまい)群島は日本では北海道の一部とされてきた。ところが太平洋戦争の終戦時の混乱の中で、ソ連が参戦してきて、その北方四島を奪ったのである。

それ以来、日本政府は「北方四島は日本固有の領土だ」と主張してきた。

鳩山一郎首相のときに出された『日ソ共同宣言』（一九五六年）には、こう記され

ていた。

「両国の平和条約締結後に、歯舞、色丹の二島を日本に引き渡す」

しかし日本とソ連の間の平和条約は現在も結ばれないままである。ソ連の崩壊（一九九一年）によって北方四島の領土問題の交渉相手はロシアに変わったが、ロシアはソ連と同じく北方四島の支配に強いこだわりをもっているように思える。

❖はるかな北方四島にまで広がったロシア人

ソ連は北方四島を奪ったあと、そこの日本人を日本に送り返す方針をとった。千島アイヌなどの日本の統治以前の少数の先住民だけが北方四島に残されたのだ。さらに第二次世界大戦のあと、多くのロシア人の移住者が北方四島にやって来た。太平洋戦争以前に北方四島にいたロシア人の数はわずかであったが、現在は北方四島の住民の大部分が、ロシア人になってしまった。87ページの図11に示したように、かれらの先祖は一六世紀なかば、つまり日本の戦国時代の終わり頃までは、モスクワ周辺の現在のポーランドと同じくらいの面積の国に住んでいた。しかしロシア人はやがてシベリア全域を覆いつくし、第二次世界大戦のあとには北方四島にまで広がった。

このようなことも、言われている。

「ロシアは、日本と同盟関係にあるアメリカの海軍がオホーツク海沿岸のロシア領に来るのを防ぐために、北方四島を手放さない」

しかしロシアが北方四島を手放さない理由は、主に日本人とロシア人の気質の違いに求めるべきではあるまいか。

日本人は、日本列島以外の地域にほとんど広がっていない。

それに対してロシア人の居住地は、際限なく拡大してきた。もとはヨーロッパの一つの地域を治めるモスクワ公国住民であったロシア人が、一六世紀末にはヨーロッパ東端の大半を自分たちの土地にした。さらにかれらはヨーロッパとアジアの境界とされるウラル山脈を越えて、シベリアをロシアの領域に組み込んだうえに、一八世紀はじめにはアジアの東端まで達した。

その時点になってようやく、中国（清朝、次章参照）と日本という軍備をもつ国が、ロシア人の領土拡大を阻むことができたのである。

図11　ロシアの発展

『詳説　世界史図録』（山川出版社）を修正して作成

❖領土拡大を熱望するロシア人

ロシア人は、アーリア系のスラブ民族の一つである。スラブ民族とゲルマン民族、ラテン民族の三者は、アーリア系民族の中でも互いに近い関係にある。現在のヨーロッパの住民の大部分が、スラブ民族、ゲルマン民族、ラテン民族になる。

ここにあげたヨーロッパの三つの民族は、いずれもきわめて冒険心に富む行動的な気質をもっている。かつてラテン民族のローマ人は各地を征服して大帝国を打ち立てた。そしてラテン民族のスペイン人、ポルトガル人、フランス人は一五世紀に始まる大航海時代以後に植民地を世界中に広げた。

ゲルマン民族は、五世紀に西ローマ帝国の領内に侵入して多くの国を建てた。このゲルマン民族の中のイギリス人やドイツ人も世界規模で植民地経営を行なった。しかしスラブ民族の中で、大帝国をつくれたのはロシア人だけであった。

スラブ民族は、東スラブ族、西スラブ族、南スラブ族の三つに分類されている。ロシア人、ウクライナ人、ベラルーシ人などが東スラブ族、そしてポーランド人、チェコ人、スロヴァキア人などが西スラブ族、ブルガリア人、セルビア人、スロベニア人、クロアチア人などが南スラブ族である。

西スラブ族と南スラブ族の居住地は、ゲルマン民族の勢力圏に近かった。そのためかれらはゲルマン民族大移動のあと、ゲルマン系の強国の圧力を強く受けて、有力な国家を形成できなかった。

これに対してロシア人は、ゲルマン系諸国から離れたところにいた。

ドイツ人の勢力はポーランドやバルト海沿岸（現在のバルト三国のあたり）まで伸びてきたが、ロシア人の居住地までは及ばなかった。これによって、ロシアはスラブ人の本性のままに大きく発展することになったのであろう。

❖小さな公国から発展したロシア帝国

ロシア人の居住地に最初につくられた国が、現在のウクライナのキエフに本拠をおくキエフ公国（九世紀から一三世紀頃）である。このキエフ公国が衰退したあとロシアの地に多くの公国がならび立つことになった。

そういった中で、バトゥ率いるモンゴル軍のロシア侵入（一二三七―四〇年）がなされた。この戦いに敗れたロシアの諸公はモンゴルに臣従することになり、ロシア人の居住地は、モンゴルの間接支配のもとにおかれることになった。

このモンゴル支配のもとで、ロシア人はモンゴルから軍事技術、税制、駅逓(えきてい)制、外交技術などの多くのものを学んだ。一三世紀末にモスクワに本拠をおくモスクワ公国は、モスクワ公ダニールの指導のもとに、モンゴルの支配下で軍制や官制の整備に力を入れた。

さらにイヴァン一世はロシア諸公の間をうまく立ちまわり、ウラジミール大公の地位を得た。大公は公爵より格の高い特別の諸公である。このあとモスクワの君主は大公位をほぼ独占し、モスクワ大公国の国号を用いるようになった。

モスクワ大公国は、めざましく領土を拡張していった。イヴァン三世（在位一四六二―一五〇五年）のときに、モンゴル帝国のつくった国であるキプチャク・ハン国（ジュチ・ウルス）の支配を完全に脱した（一四八〇年）。イヴァン三世はさらに、一四五三年に滅んだビザンツ帝国の最後の皇帝の姪と結婚して皇帝号を称した（一四七二年）。ロシア帝国の誕生である。

❖チンギス・ハンの後継者となり旧モンゴル領を併合

ロシアは「雷帝」の名で呼ばれるイヴァン四世（在位一五三三―八四年）の長い治世のときに、皇帝専制を確立し大きく成長した。かれが強引に貴族勢力をおさえ農奴制を強化したために、イヴァン四世の政治は後世に「恐怖政治」といわれた。

ロシアの帝位は、東ローマ皇帝から正式な形で譲位を受けたものではなかった。対外的にはモスクワ大公国の国号が使われ、ロシアの皇帝号は曖昧なままだったのだ。そのためイヴァン四世は、一五四七年に「ロシア帝国」の国号を採用し、自国の皇帝号は正式のものであると主張した。

イヴァン四世は自分の権力を強化するために、「チンギス・ハンの後継者」と称することをもくろんだ。そのためかれは一芝居打った。一五七五年シメオン・バクブラトヴィチというチンギス・ハンの王家の血をひく貴族にいったんモスクワ大公位を譲り、その一年後にバクブラトヴィチからの譲位を受けたのだ。このようにしてロシアは、モンゴル帝国を手本とした大帝国の建設に乗り出したのである。

このイヴァン四世の時代に、ロシアはキプチャク・ハン国が分裂してできた国々の中で、自国に近いカザン・ハン国とアストラカン・ハン国を併合した。

ロシアはこのあとかつてキプチャク・ハン国の勢力圏であった自国の西方に、じわじわと領土を広げていった。しかし西トルキスタン（現在のカザフスタンのあたり）には、モンゴル勢力から自立して思い思いに国を建てたトルコ系の勢力が健在であった（六章参照）。

そのためロシアは一六世紀末から、抵抗の少ないシベリア方面への勢力拡大に乗り出した。そこは寒冷地で、ネネット人、ハント人などのわずかな数の少数民族が、各地に集落をつくっているだけだった。

❖シベリア経営の進展

現在のシベリア人の総人口は約三〇〇〇万人で、そのうちの約二九〇〇万人がロシア人である。少数民族の人口は一〇〇万人に満たないが、かれらの中には現在でもロシア化されずに昔のままの生活を送る者もいる。

ロシアがシベリア経営に着手した時期のシベリアの少数民族の人数はさらに少なく、三〇万人程度ではなかったかともいわれる。ロシア人が住民のまばらな地に続々と移住したのだ。

ロシア帝室や、有力な商業資本家のストロガノフ家、イェルマークなどのコサック（皇帝に仕える騎兵隊）の指揮官が、シベリア経営を主導した。

ロシア人の移住者は、各地に農地をひらいて定住した。シベリアの特産品である毛皮の取り引きを行なう商人は、農民の居住地のさらに奥まで入りこんだ。この動きの中で、ロシアの手工業製品が、各地の少数民族にもたらされた。

ロシア人は武力をほとんどもたない少数民族と、おおむね平和な形で交流したらしい。しかし時には、ロシア人と少数民族の間で紛争も生じた。こういった場合、

図12　シベリアの少数民族

拙著『世界地図から歴史を読む方法』（河出書房新社）

少数民族の多くは武力で反抗できず、居住地を捨ててより不便な土地に移住したと考えられる。

ロシアのシベリア支配は、移住者を次第に増やしていくという曖昧な形ですすめられた。そしてシベリアの西部は、一七世紀はじめ頃に、ロシアの役人の管理のもとにくみ込まれたとみてよい。そして残りのシベリアの大半は、ロシアを大きく発展させたピョートル大帝の治世（一六八二—一七二五年）にロシア領となった（87ページの図11参照）。

❖江戸時代に日本に接近したロシア

ロシアはピョートル大帝の時代にあた

る一七〇七年に、ユーラシア大陸東端のカムチャッカ半島まで得ていた。

さらにロシアは一七四一年にベーリング海峡を渡って、アラスカまで自領に組み入れた。ところがロシアは明治維新直前の一八六七年になってアラスカをアメリカに売却している。

一八世紀末になるとロシアに、エカテリーナ二世という有力な女帝が出た（在位一七六二—九六年）。彼女は農奴制の強化や、貴族の特権の拡大によって宮廷に強い指導力を確立した。

彼女の時代に、ロシアはウクライナやクリミアを併合し、さらにプロシア、オーストリアと組んでポーランドを分割し、ポーランドの一部を自領に組み込んだ。

このエカテリーナ二世が、一七九二年にラクスマンを使節として日本に送り込んで日本との通商を求めた。さらにロシアはこのとき両国間の国境も明らかにしようと考えていたらしい。

千島や樺太の住民はそれまで、非公式ではあるが日本人ともロシア人とも取り引きしていた。ロシアは一八世紀にカムチャッカ半島から千島に南下してきていたが、これより前の明和八年（一七七一）にウルップ島事件が起きている。アイヌのラッコ猟場にロシア人が侵入してきたので、日本の勢力圏にあった択捉島のアイヌがロシア人と戦ったのだ。

幕府の命令を受けた最上徳内は天明六年（一七八六）にウルップ島を調査した。ロシアと日本とはラクスマン来航のときに、まさに一触即発の緊張状態にあったのだが、幕府は鎖国を唱えてラクスマンとの話し合いを拒否して使節を帰国させた。ロシアはラクスマン派遣後まもない一七九四年から、ウルップ島の植民地の建設に着手した。

図13　幕末から明治初頭の千島と樺太

『詳説　日本史図録』（山川出版社）を参考に作成

寛政一〇年（一七九八）には、近藤重蔵が幕府の命令で北方を探険し、択捉島に立ち寄った。そのときに、そこが日本の領土であることを示す「大日本恵土呂府」の標柱を建てた。これによって曖昧な形であるが、千島方面でウルップ島以北をロシア領、択捉島以南を日本領とする国境ができた。

寛政一二年（一八〇〇）に幕府は、択捉島にアイヌとの交易や漁場の経営にあたるシャナの会所をつくらせた。日本との交易は、北方四島のアイヌにとってロシアとの交易よりはるかに有用なものであった。そのためこのあとウルップ島のロシアの植民地に来るアイヌがほとんどいなくなり、経営難におちいった。

ウルップ島のロシア人は一八〇五年になって、カムチャッカ半島に引き揚げた。これによって日本の北方の危機は、ひとまずおさまったのである。

❖明治初年に樺太・千島交換条約が結ばれる

幕末の開国のときに、ロシアの使節プチャーチンが日本に来航し、日露和親条約（一八五四年）が結ばれた。この条約の中で、日本とロシアとの国境の画定に関する条項もあった。そこでは、千島方面ではウルップ島と択捉島の間が国境とされ、樺太は日本人とロシア人の雑居の地とされた。

するとロシアは、日ロ雑居の地となった樺太にロシア人移民を大量に送り込んできた。これに対して明治政府は戊辰戦争で箱館の幕府軍を降伏させたあと、明治二年（一八六九）に北海道開拓使、翌明治三年に樺太開拓使をおいた。

しかし北海道への移住者はかなりいたが、さらに北方にある樺太まで移住する者はほとんどいなかった。しかたなしに明治政府は設置の一年後の明治四年（一八七一）に樺太開拓使を北海道開拓使に統合した。明治政府にロシアと張り合うだけの軍事力はなかったため、当時としては最善の策をとった。榎本武揚（たけあき）を特別全権公使としてロシアに送り、『樺太・千島交換条約』（一八七五年）を締結したのだ。

「樺太を手放す代わりに、千島を下さい」

と日本が頼み込む形の交渉であったが、このとき、ロシアが都合よく千島を手放してくれたのは奇跡的な出来事であったと評価すべきである。相手は、「武力で他国の土地を奪うのは当然のこと」と考える民族である。

プチャーチンなどの日本を訪れたロシア人が残した記録には、日本に好意的な記述が多い。この点からみて、当時のロシア政府が日本をある程度、文化の進んだ国とみて譲歩してくれたのであろうか。

このあと明治政府が北海道開拓に国費をつぎ込み、北海道に近代的な施設を多くつくった。このとき日本が北海道開拓に力を入れなければ、ロシア人は日本領の北海道にまで入りこんでいたかもしれない。明治三年（一八七〇）に六万六〇〇〇人余りであった北海道の人口は、それから二〇年後の明治二三年（一八九〇）までに四二万人余りに増えている。この中のアイヌは一万六〇〇〇人程度で、残りは当時「和人」と呼ばれた移住者であった。

明治時代前半に日本は急速に産業を育成して軍事力を高め、日露戦争（一九〇四―〇五年）に勝利して、ロシアから樺太南部を得た。広大なロシアの国土からみれば、樺太南部は辺境の僅かな地にすぎない。しかしこのときからロシア人全体が、自国の領土を奪った日本人に深い恨みをもった。好意をもって千島を与えるのと、力ずくで樺太南部を取られるのとは大きく違う。

ロシア人は太平洋戦争における日本の敗北を、日露戦争の屈辱を晴らす好機とみて、大軍を送り素早く樺太、千島、北方四島を奪ったのである。このとき中国東北地方の日本軍もソ連軍に惨敗した。この一連の戦いにおいて、ソ連は北方の日本人兵士に対して極めて苛酷な扱いをした。

ロシアとの国交の場では、本章に記したような領土の拡大に関するロシア人全体の強いこだわりを理解した上で交渉に臨むべきではあるまいか。

第五章

モンゴルはなぜ、ロシアと中国の二大国の間で独立できたのか？

なった。

❖ロシア帝国と清朝の流れをひいた二大国

ごく最近になって、次のようなジャーナリストの話が、ちらほら聞かれるようになった。

「ロシアは、中国東北地方に近い極東ロシア（シベリア東端）における、中国人移民の急速な増加に、危機感をつのらせている」

シベリアのロシア人の人口は、そう多くない。そこに中国人が大量に入ってくれば、ロシアの国土の一部が中国化していくかもしれないというのだ。

中国の漢民族（中国民族）は、おそらく世界で最も強い生活力をもつ民族であろう。現在の中国の総人口が一三億七〇〇〇万人余りで、その中の約九二パーセントが漢民族である。ざっと計算しただけでも、一二億六〇〇〇万人を超える漢民族がいる。

漢民族は、文句なしに世界で最大の民族だ。しかも中国の漢民族の他に、世界中に華僑がいる。

これに対してロシアは広い国土（日本の約四五倍）をもつが、その国の人口は一億四〇〇〇万人余りにすぎない。その中の約八〇パーセントがロシア人だから、ロシア人の人口は、約一億一〇〇〇万人余りとなる。これは、日本の総人口より少ない。

この数字をみれば、ロシアが中国人の進出を怖れる理由がよくわかる。かつて、チンギス・ハンがつくった「モンゴル帝国」の後継者と自称する二つの強国があった。ロシア帝国（89ページ参照）と中国の清朝である。

ロシア帝国の遺産を受け継ぐのが現在のロシア連邦（ロシア）で、経済大国となった中華人民共和国（中国）が清朝の流れをひくと考えることもできる。しかしこの二つの大国が、チンギス・ハンの時代からほぼ八〇〇年経た現在、

「われこそは、正当なチンギス・ハンの後裔（こうえい）である」

と主張して正面衝突する事態を起こすとも思われない。

❖チンギス・ハンの後継者と唱えた清朝

しかしロシアと清朝は、かつてのモンゴル帝国の領土を二分して長期にわたって睨み合ってきた。

清朝は、中国東北地方を本拠とする女真族（満州族）という騎馬民族が興した国である。一六世紀末に女真族にヌルハチという英雄が現われ、一代で中国東北地方の大半を統一して一六一六年に後金国を興した。

このあとヌルハチの後を継いだホンタイジ（太宗）は、内モンゴルのチャハルを平定した。それまでチャハル王家は、チンギス・ハンの正当な子孫と主張してきた。そのため一六三六年にチャハル王家からホンタイジに、モンゴル帝国（元帝国）の「伝国の璽」（皇帝をあらわす印章）が献上された。

これによってホンタイジはチンギス・ハンの後継者の資格で、支配地の女真族、漢人、モンゴル人におされて皇帝を称し、国号を清と改めた。ロシアのイワン四世がチンギス・ハンの後継者と称したあと八〇年ほどたったときのことであった。

ホンタイジは、最初はまず西方のモンゴルに進出して、草原地帯を統一しようともくろんでいたらしい。ところが清の太宗（ホンタイジ）の次の、世祖の時代に中国の明朝が自滅するという予想外の事態が起こった。

一六四四年に明朝の都である北京が、農民反乱の指導者、李自成の軍勢に瞬く間に攻め落とされたのだ。反乱軍が迫ったときに、明朝の最後の皇帝となった崇禎帝は、鐘を鳴らして百官を集めようとしたが、誰も来なかった。

そこで皇帝は泣きながら娘たちに、

「お前はなぜ我が家に生まれたのか」

と語りかけて、娘たちを道連れに自殺した。このあと明の有力な将軍であった呉（ご）三桂（さんけい）が自らすすんで清に従い、世祖の摂政を務めていたドルゴンに北京を攻めるように勧めた。そのため李自成は、ドルゴンと呉三桂の連合軍にやすやすと敗れた。

その後、中国人の有力者が、呉三桂にならって次々に清朝に従っていった。そのため清朝は一六六〇年代までに「第二の元朝」と呼ぶべき形で、中国人を上手に組織して中国を治める体制を確立した。

❖急速に拡大する清朝の領土

中国南部などに残った永明王（えいめいおう）らの明の残存勢力との戦いは、一六六二年まで続き、その間に鄭成功（ていせいこう）という明朝の遺臣が、一六六一年に台湾を征服した。その後もかれの子孫は一六八三年まで清に抵抗している。また呉三桂らも雲南などで自立することを目指し反乱を起こした（一六七三―八一年）。

このような混乱の最中の一六六一年に、世祖の次の康熙帝が即位した。かれは六二年間にわたって中国を治めることになった（一六六一―一七二二年）が、康熙帝の時代に、清朝の領域はめざましく拡大した。

明朝の旧領がすべて清朝の支配下に組み込まれたうえに、モンゴルの大勢力であるカルカ部が一六九七年に清朝に屈服したためである。

清朝は康熙帝の没後にカルカ部の西方のワラ部、トルグート、ジュンガル部、回部や、チベット（西蔵）を平定した。これによって中国、モンゴル、東トルキスタン（新疆ウイグル自治区）、チベットにおよぶ大帝国がつくられることになった。

この時代の清の領土は、現在の中国、モンゴル、台湾の領土を合わせたものにほぼ対応する。モンゴル人と東トルキスタンのトルコ系民族は、もともと清朝を起こした満州人と近い関係にあった。また中国人も、おおむね満州人の支配を受け入れていた。そのため清朝の安定した統治のもとで、中国の経済は急速に発展していった。

北宋朝や明朝は、中国人の居住地だけを治めた王朝であった。これに対して、前漢朝や唐朝の時代には、中国の領域は西方に大きく拡大していた。唐の勢力圏は、

図14 清の領土拡大

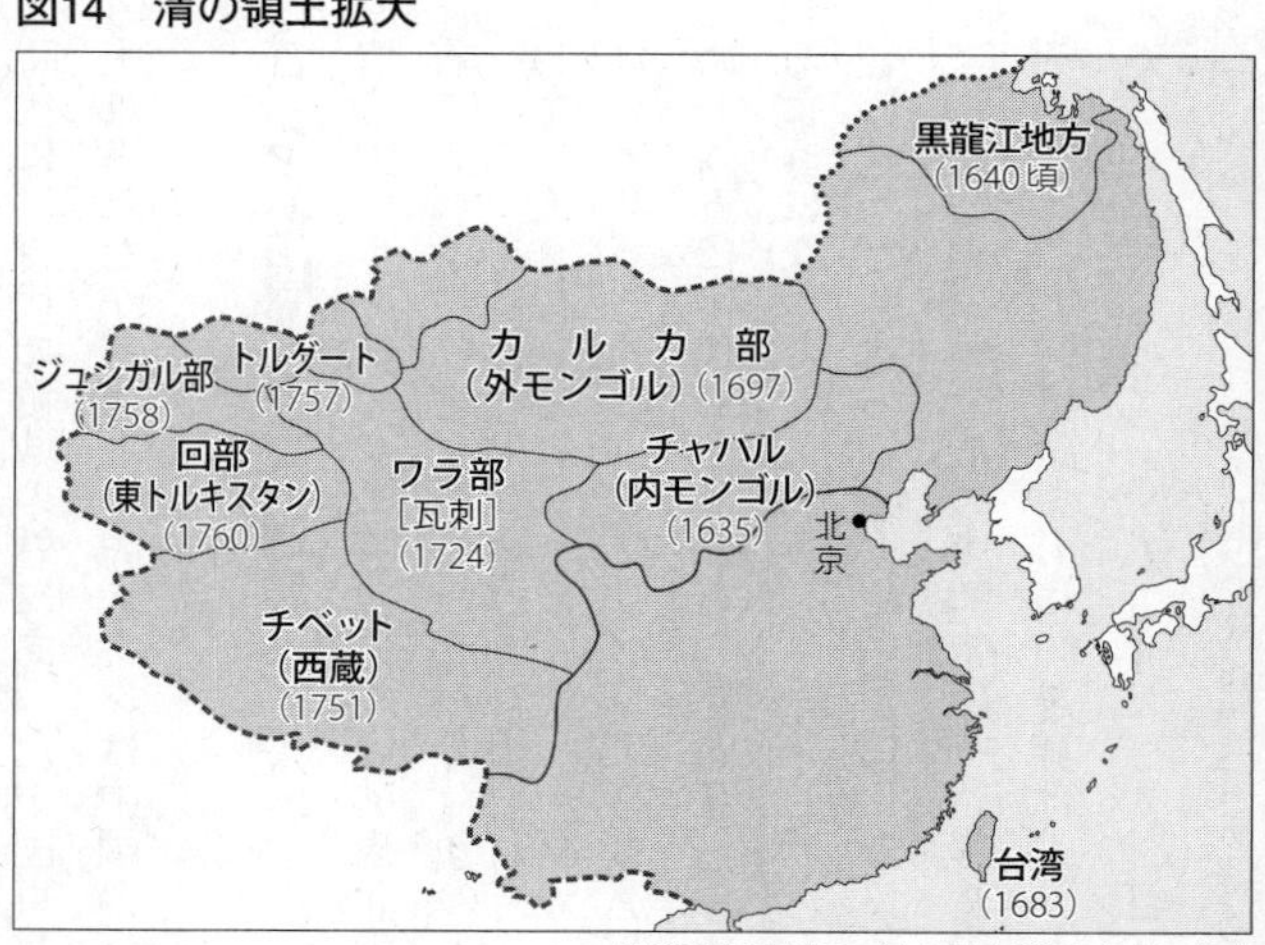

『標準世界史地図』(吉川弘文館)を参考に作成

東トルキスタンだけでなく、西トルキスタンにまで広がっていたのである(図15参照)。

しかし前漢や唐の西方に対する支配は、現地の族長の自治の上に立つ緩いものにすぎなかった。

唐代のあとに北宋代、南宋代を経てモンゴル帝国の時代になる。このモンゴルは元朝と元朝の君主と親戚関係にある四つの国の連合の形で、ユーラシア大陸の主要部分に強固な支配を確立していた(図16参照)。

清朝はこのモンゴルにならって、かなり整った官僚制によって広大な領域を治めることになったのだ。清の時代には唐代の領域の外にあった中国東北地方、モンゴル、チベットが中国に組み入れられたが、西トルキスタンは中国の外にあった。

❖ロシア帝国と清朝の遭遇

清帝国はホンタイジの時代に、中国東北地方の北方を流れる黒龍江（アムール川）沿岸にまで勢力を伸ばした。そのあたりの少数民族を支配下に組み込んで、朝貢を受けていたのである。

ロシアは、その頃までにシベリアを東進して、黒龍江沿岸にいたっていた。そのため一六五〇年代あたりから、黒龍江沿岸で満州人とロシア人の小競り合いがみられるようになった。

そしてこの方面における清朝とロシアの対立は、一六八五年頃に本格化していく。しかしその頃の清の康熙帝はモンゴルのジュンガル部と敵対していた。

そのため二方向に敵をもつのを避けようと考えた清朝は、ロシアに講和を申し入れた。これによって一六八九年に、黒龍江の支流のアルグン川とスタノヴォイ山脈（外興安嶺（そとこうあんれい））を結ぶ線を国境とするネルチンスク条約が締結された。これは、中国

図15　中国各王朝ごとの勢力範囲

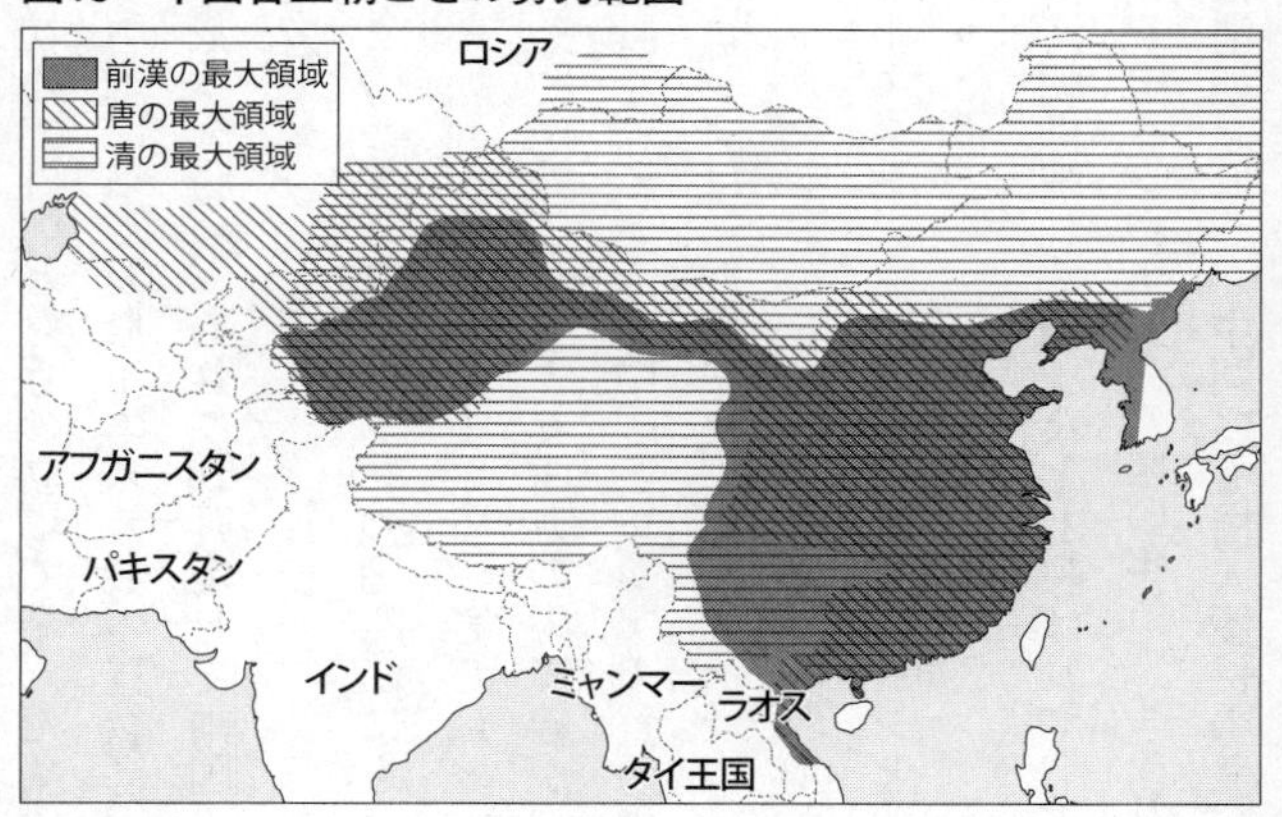

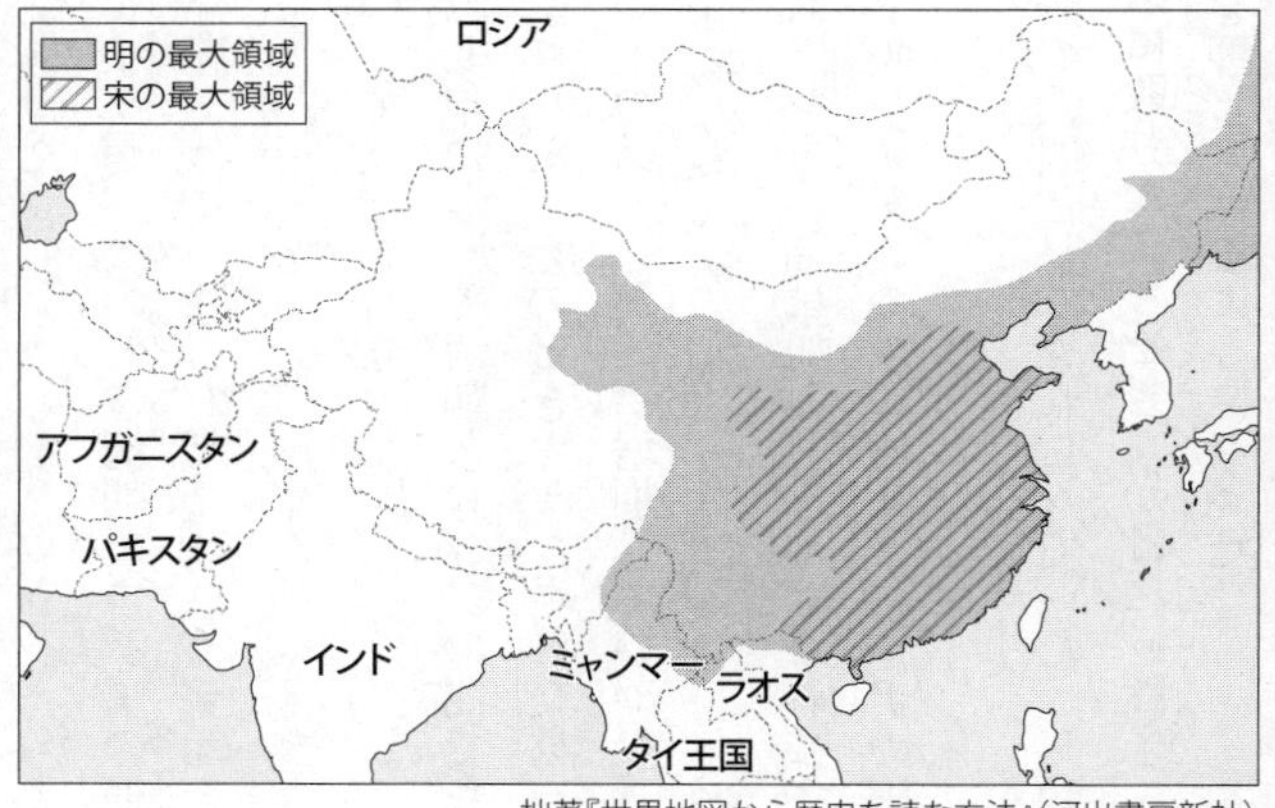

拙著『世界地図から歴史を読む方法』（河出書房新社）

が初めて外国と対等の立場で結んだ条約であった。

中国に来ていたイエズス会の宣教師ペレイラが、このとき清朝とロシアの通訳兼仲裁役を務め、あれこれ奔走して両国の合意をとりつけたのだ。ペレイラはその日記で、

「このとき、ヨーロッパの国際法にもとづいて交渉を行なった」

といった旨を記している。さらに一七二七年になって清朝とロシアの間でキャフタ条約が結ばれ、より西方の国境線が画定された。そのときキャフタに交易市場も開設されている。中国とロシアの貿易は、そのあとしだいに増加していった。

ロシアは一九世紀後半になって、トルコ系のボハラ・ハン国、ヒヴァ・ハン国、コーカンド・ハン国と併合し、西トルキスタンを自領に組み込んだ。これによってトルキスタンでは、東トルキスタンと西トルキスタンの境が清朝とロシアの国境となった。

清朝は眠れる獅子などと呼ばれて、東洋の大国として恐れられていた。しかし清朝がアヘン戦争（一八四〇年）でイギリスに敗れたことをきっかけに、欧米の強国は清朝を侮り、中国にも白人優位の発想を押し付けるようになった。

図16　元朝と四ハン国（13世紀後半頃）

拙著『「地形」で読み解く世界史の謎』（PHP文庫）

こういった流れの中で、ロシアが中国の領土をじわじわと侵食し始めたのである。説明の便宜上、まずトルキスタン方面の出来事を記そう。

一八六〇年代頃から、中国領であった東トルキスタンのイスラム教徒の反乱がたびたび起こるようになった。この反乱の騒ぎの中で一八六七年にトルコ系のヤークーブ・ベグという者がカシュガルで独立した政権を打ち立てた。

このあと一八七一年にロシアがイスラム政権相手に出兵し、一八八一年まで東トルキスタンのイリを占拠した（イリ事件）。しかし清朝が軍勢を送ってヤークーブ・ベグが起こした政権を倒したため、ロシアはイリを返還せざるを得なくなった。

そのとき清朝とロシアの間で国境の現状維持を取り決めたイリ条約（一八八一年）が結ばれたが、ロシアはイリを放棄する代わりに通商上の利権を得た。

❖沿海州まで南下したロシア

ロシアが西トルキスタンに勢力を拡大しつつあった時期に、中国東北地方の近辺でもロシアの南下策が進められた。

一八五六年にイギリスとフランスは、あれこれ強引な口実をつけて、清朝にアロー戦争を仕掛けた。この戦いで清の軍勢は負け続けた。

このありさまを知って、ロシアは、一八五八年に清朝を武力で威嚇して、愛琿（あいぐん）条約を結んだ。これは黒龍江の左岸をロシア領、ウスリー江から海に至る地を両国の共同管理の地とするものであった。

一八六〇年にイギリス・フランス連合軍が北京を占領する中で、ロシアの仲介によって北京条約という講和条約が締結された。これによって、イギリスは九竜半島

図17　ロシアの東方進出

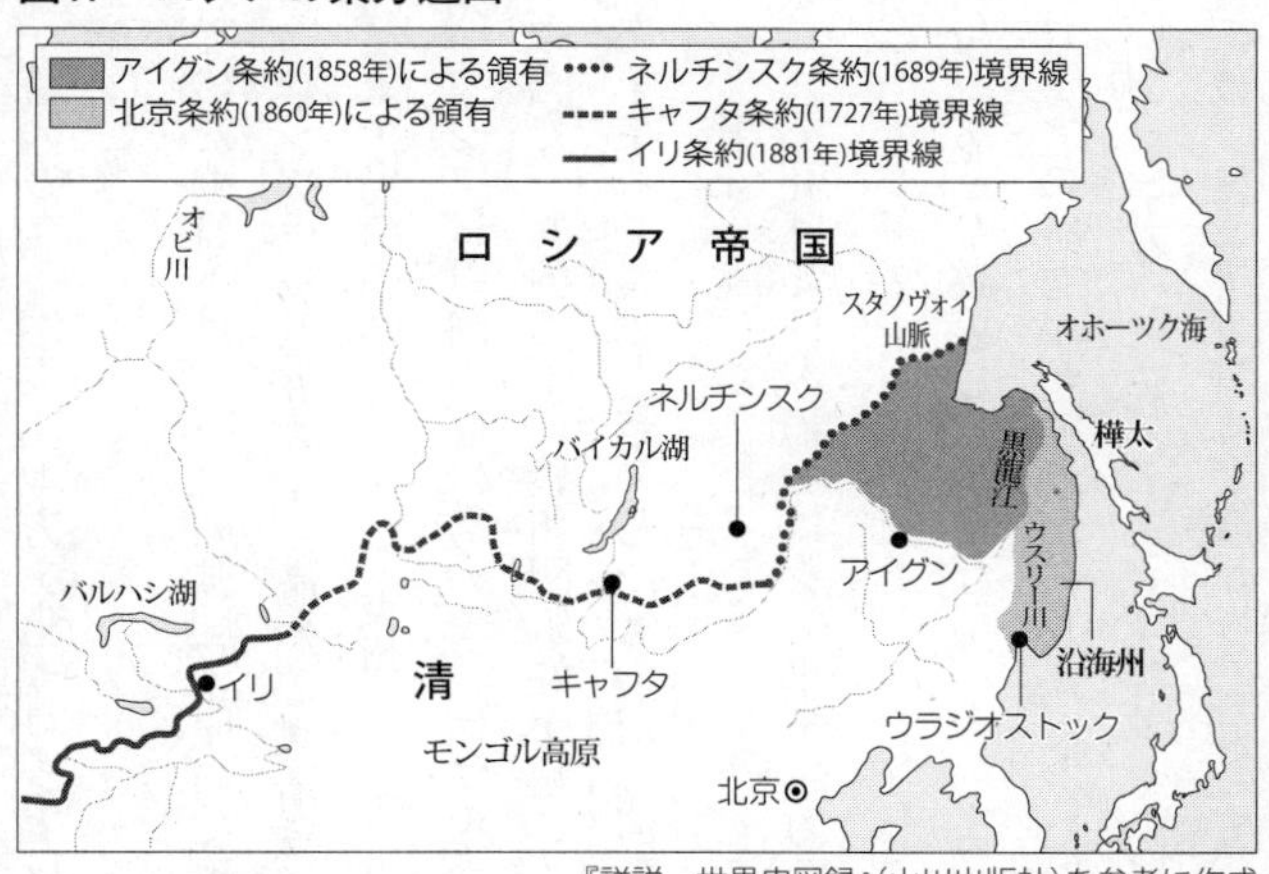

『詳説　世界史図録』(山川出版社)を参考に作成

の先端部を得た。

ロシアは清朝の交戦国ではなかったが、共同管理としていたウスリー江以東の地をロシア領とすることを、講和の斡旋の代償として、清朝に認めさせた。

このときロシアが得たウラジオストックを中心とする沿海州は、ロシア船の日本海方面の出口として重要な役割をはたすことになる。中国東北地方（満州）が、ロシア領に囲まれる形になってしまったのである。

日本は日清戦争（一八九四―九五年）の講和条約である下関条約で清朝から満州南端の遼東半島を得ることになっ

た。このとき中国東北地方を狙うロシアは、フランス、ドイツと組んで三国干渉を起こした。

　そのため日本は、三つの強国の圧力で遼東半島を手放さざるを得なかった。このあとロシアは一八九六年に満州の東清鉄道の敷設権、一八九八年には旅順港などの遼東半島南端部（のちの関東州）の租借権（無償で九九年間借り受けること）を得た。ロシアは黄河方面に勢力を伸ばす手がかりを摑んだのだ。

　中国で一九〇〇年に義和団事件が起こった。外国勢力の排除を唱える宗教団体が民衆を集めて暴動を起こしたものだ。清朝の政府は義和団と組んで、欧米諸国と日本に宣戦布告した。

　これを受けて日本軍とロシア軍を主力とする八か国連合軍は、北京を占領し、一九〇一年に清朝を降伏させた。ロシアはこの事件のときに満州を占領し、戦いが終わったあとも撤兵しなかった。

　ロシアの圧力が朝鮮半島に及んできたために、日本は我慢できずに日露戦争（一九〇四―〇五年）を起こしてしまう。この戦いはいちおう日本の勝利で終わったが、その後、ロシアと日本が満州を二分して、その北部と南部を各々の勢力圏とする形勢がつくられた。

❖辛亥革命とモンゴルの自立

弱体化が深刻化する清朝は一九一一年に、革命軍に倒された。辛亥革命である。しかしそのあとの中国は、諸勢力が各地に分立する状態となった。

図18　内モンゴルと外モンゴル

『標準高等地図』（帝国書院）を参考に作成

これより前にモンゴル族のカルカ部を中心とするモンゴル独立運動が起きていた。一九一一年になって、外モンゴルの豪族たちは、「中国からの独立」を宣言した。かれらは自分たちの心の拠り所であった、モンゴルにおけるラマ教（チベット仏教）のラマを自分たちの君主に立てようと考えた。そのためこのあとロシアの援助によってモンゴルのラマのホトクト八世（ボグド・

ゲゲン）を君主とするモンゴル国がつくられたのだ。滅亡が間近になっていた清朝には、モンゴルをめぐってロシアと戦争をする力はなかった。

ロシアは外モンゴルを中国から切り離して、自国の勢力圏にしようともくろんでいた。現在、モンゴルの地はモンゴル国のある外モンゴルと中国領の内モンゴルに分かれている。

もとはこの外モンゴルと内モンゴルとを合わせた範囲がモンゴル族の勢力圏であった。ところが満州族の清朝がモンゴルの地を支配したあと、多くの中国人が内モンゴルに移住してきて、そこは中国のような農耕地帯に変わってしまった。

これに対して外モンゴルは、昔ながらの遊牧生活を送るモンゴル族の居住地のままであった。そのためモンゴル族は、外モンゴルだけを独立したモンゴル族の国とするほかなかったのだ。

ロシアの援助でモンゴル国が自立したあと、一九一七年にロシア革命が起きた。この混乱の中で、中国、ソ連共産党の軍勢（赤軍（せきぐん））、ロシア帝国の残党（白軍（はくぐん））の三者が外モンゴルの争奪戦を繰り広げた。しかしソ連の社会主義政権がロシアの地で勢力を拡大する中で、一九二一年に今度はモンゴル革命が起きた。

ソ連共産党の赤軍の援助を受けたスヘバートルらがモンゴルの首都イヘ・フレー（いまのウランバートル）を征圧し、ホトクト八世（ボグド・ゲゲン）を中心とする立憲君主制政権を打ち立てたのである。この三年後にホトクト八世が亡くなると、モンゴルは社会主義をとる共和制に移行した（一九二四年）。

このあと、モンゴルは社会主義国であるロシアの衛星国、モンゴル人民共和国として続くことになった。そしてソ連崩壊のあとのモンゴルは、一九九二年に一党独裁を改め複数政党制を導入して自由主義に移行したうえで国名をモンゴル国とした。

ソ連政府は、ロシア人と異なる伝統をもつモンゴル族の国で、清朝のもとで長期にわたって中国の一部となっていたモンゴルを、連邦の一つにすることはできなかったのである。

❖第二次世界大戦後の中ソ国境紛争

モンゴル帝国の後継者を自認していたロシア帝国と清朝は、しばしば国境紛争を起こしてきた。そして、最終的には二つの大国は、かつての東西交流の中心地であったトルキスタン（シルクロード周辺）を二分割する形となった。

このあと中国とロシアに革命が起こり、第二次世界大戦後に中国共産党が中国全土を支配下においた。そのあと中国がソ連と違う路線をとる社会主義の二大勢力としてならび立つことになったが、両者は正面から争うことを避けてきた。そういった流れの中で一九六九年に、中ソ国境紛争が起きた。

ウスリー川中流の川の中にある珍宝島（ロシア名はダマンスキー島）の領有権をめぐって軍事衝突が起きたのだ。同じ年に新疆ウイグル自治区の境界でも、武力紛争が起こった。

このあと国境問題は長らく解決されなかったが、一九九一年になってようやく中ソ国境協定が結ばれ、珍宝島は中国のものとされた。またソ連崩壊後の一九九四年のトルキスタンに関する中ロ国境協定の締結により、未確定部分五四キロメートルの国境が確定した。

一九九一年の時点では、アルグン川の中の阿巴該図島（ロシア名ボリショイ島）と、アムール川とウスリー川の合流点の二つの島の帰属だけ未確定であった。そして二〇〇四年のプーチン・胡錦濤会談によって、三つの島をそれぞれほぼ半分に分け合う形の合意がなされた。

これで、中国とロシアの国境紛争はすべて解決したと考えたい。しかしいずれかの国の政情が混乱したときに、かつてのロシア帝国と清朝の対立が再現されるかもしれない。

ロシアと中国は間違いなく似た性格をもっている。

モンゴルは、このような領土欲の強い二国の間で独立を保つ、実に不思議な国だ。ソ連時代はソ連の衛星国であったが、今では経済面でもロシア、中国からおおむね自立している。チンギス・ハンのモンゴル帝国の流れをひくかれらが、チンギス・ハンに憧れる隣りの大国に、

「下手に手を出すと、痛い目にあう」

と思わせる威厳をもっているのであろうか。

モンゴル人は中国から独立したが、次章では中国から自立できなかった西トルキスタンのトルコ系の民族とチベット人についてみていこう。

第六章

なぜ新疆ウイグル自治区とチベット自治区は独立できないのか？

❖中国人と異なる文化の伝統をもつトルキスタンとチベットの住民

中国の人口の約九二パーセントは漢民族で、残りの八パーセントほどが五五の少数民族から成っている。もとは漢民族が農業に適した中国の中心部で生活し、少数民族の多くは乾燥地や山地にいた。

このような歴史から、現在の中国の国土の約六〇パーセントがかつては少数民族の居住地だった。このため中国政府は、少数民族の多い地域を自治区にしており、現在、内モンゴル、寧夏回族（ねいかかいぞく）、新疆ウイグル、チベット、広西壮族（こうせいちわんぞく）の五つの自治区がおかれている。

内モンゴルなどの三つの自治区では中国化がすすんできた。ところが新疆ウイグル自治区のトルコ系の民族やチベット人には、いまでも中国支配を受け入れず独立国家をつくろうとする人々が多い。

新疆ウイグル自治区は漢民族を含めて一九の民族が居住しているが、現在にいたるまでそこのトルコ系民族のイスラム教徒の独立運動がさかんに行なわれている。二〇〇九年には、中国軍との衝突で多くのトルコ系住民が亡くなったウイグル騒乱が起きている。この事件によって中国政府は、世界中の非難を浴びた。

チベットでも、長期にわたって独立運動がなされてきた。チベット人はラマ教（チベット仏教）という、チベット固有のボン教の精霊崇拝と仏教とを融合させた独自の宗教を信仰している。

チベットでは約三百年にわたって、ラマ教の最高指導者のダライ・ラマが国を治める形がとられてきた（127ページ参照）。しかし現在ダライ・ラマを務めるダライ・ラマ一四世は、一九五九年にインドに亡命してそこにチベット亡命政府をつくったが、いまでも故郷のチベットに帰れないありさまである。

東トルキスタン（新疆ウイグル自治区）のトルコ系民族とチベットの不幸のもとは、清朝がモンゴル帝国にならって世界帝国を指向したことにある。中国共産党はこの清朝の遺産を受け継ぐ形で、少数民族の居住地を自国の領土に組み込んだのである。

❖東トルキスタンの多様な民族の興亡

まず、新疆ウイグル自治区（東トルキスタン）のトルコ系民族と中国人の関係に

図19　トルキスタンの範囲

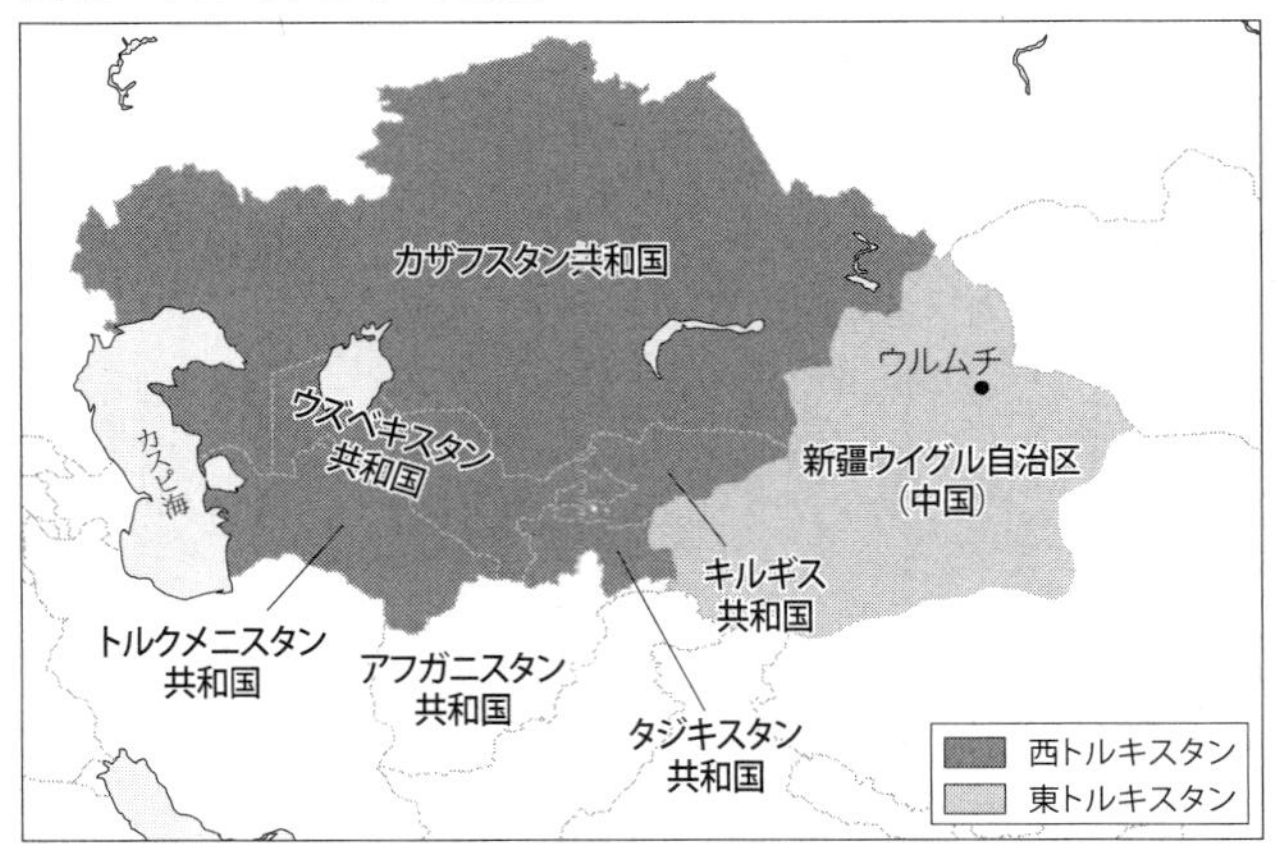

『標準高等地図』（帝国書院）を参考に作成

ついて説明しよう。現在、東トルキスタンとソ連から独立したトルコ系の国々がならび立つ西トルキスタンとを合わせたトルキスタン（中央アジア）が、多様なトルコ系民族の居住地となっている。このトルキスタンの中心部分に広い砂漠地帯があり、かつて砂漠地帯のオアシスにできた都市をつなぐシルクロードによって東西の交易が行なわれてきた。古い時代のトルキスタンには、主にソグド人などのインド人やイラン人と別系統のアーリア人が居住していたらしい。

そして五世紀頃には、トルキスタン北部の草原地帯で、トルコ系の遊牧民

（トルコ族）の勢力が急速に拡大した。かれらは紀元前三世紀頃にはシベリアのバイカル湖周辺にいたが、トルコ族は、そこからじわじわ南下して広がってきたのである。

トルコ族はモンゴル族に近い民族で、かれらの居住地はモンゴル族が住むモンゴルの西隣りにあった。

図20　突厥の領域

『標準世界史地図』（吉川弘文館）を参考に作成

五世紀後半頃からトルコ族の一部が、突厥（とっけつ）という強国を築いて東トルキスタンとその北方の草原地帯を支配し、中国にもたびたび侵入した。しかし七世紀の中国に唐朝という大国がつくられると、東突厥は唐に敗れて衰退した。

このあと唐朝が東トルキスタンを支配したが、かれらはオアシスの多くの都市国家の自治を認めたうえで役人を送って徴税する形をとった。

唐の勢力が後退する八世紀後半あたりから、ウイグル族が強大化してウイグル（回紇）を建国した。ウイグルはかつて突厥の支配下にあったトルコ系の部族が建てた国である。ウイグルはトルコ系諸部族を支配下に組み込むと共に、中央アジアの先住民である多数のアーリア系民族を取り込んだ。

この時代にアジア系のトルコ族とアーリア系の白人の混血がすすみ、現在のようなアジア人と白人の中間といった形質のトルコ人ができたと考えられている。

❖清朝に征服された東トルキスタン

ウイグルのトルコ系民族は、一〇世紀頃に西方から伝わったイスラム教を受け入れた。トルコ族は、ウイグルが衰退したあとのトルキスタンでカラハン朝などのトルコ系イスラム王朝をいくつか建てている。

一三世紀にトルコ系王朝はモンゴルの大帝国に併合されたが、このときトルコ族の多くはモンゴル族に同化する道を選んだ。モンゴル軍はトルコ族の手引きでロシアの近くまで進出した。このあとつくられたキプチャク・ハン国は、トルコ族を中心とするイスラム教の王朝となっている。

図21　８世紀後半のウイグルと吐蕃の領域

『標準世界史地図』(吉川弘文館)を参考に作成

トルキスタンの中心部の砂漠地帯より北方の草原から、モスクワ南方の黒海北岸までは、「キプチャク草原」と呼ばれる草原地帯になっていた。フン族、マジャール族などの多くのアジア人の軍勢は、この草原を通ってヨーロッパに侵入したのである。

モンゴル帝国が分裂したあと、トルキスタンとその北方の草原地帯に、いくつかの国が建ち、さまざまな興亡がみられた。前（１０２ページ）に記したように、清朝を起こした満州族の君主ヌルハチや太宗（ホンタイジ）は、「モンゴル族の勢力圏を自領に組み込んだのちに、中国を併合しよう」

図22　トルキスタン北方の草原（キプチャク草原）の広がり

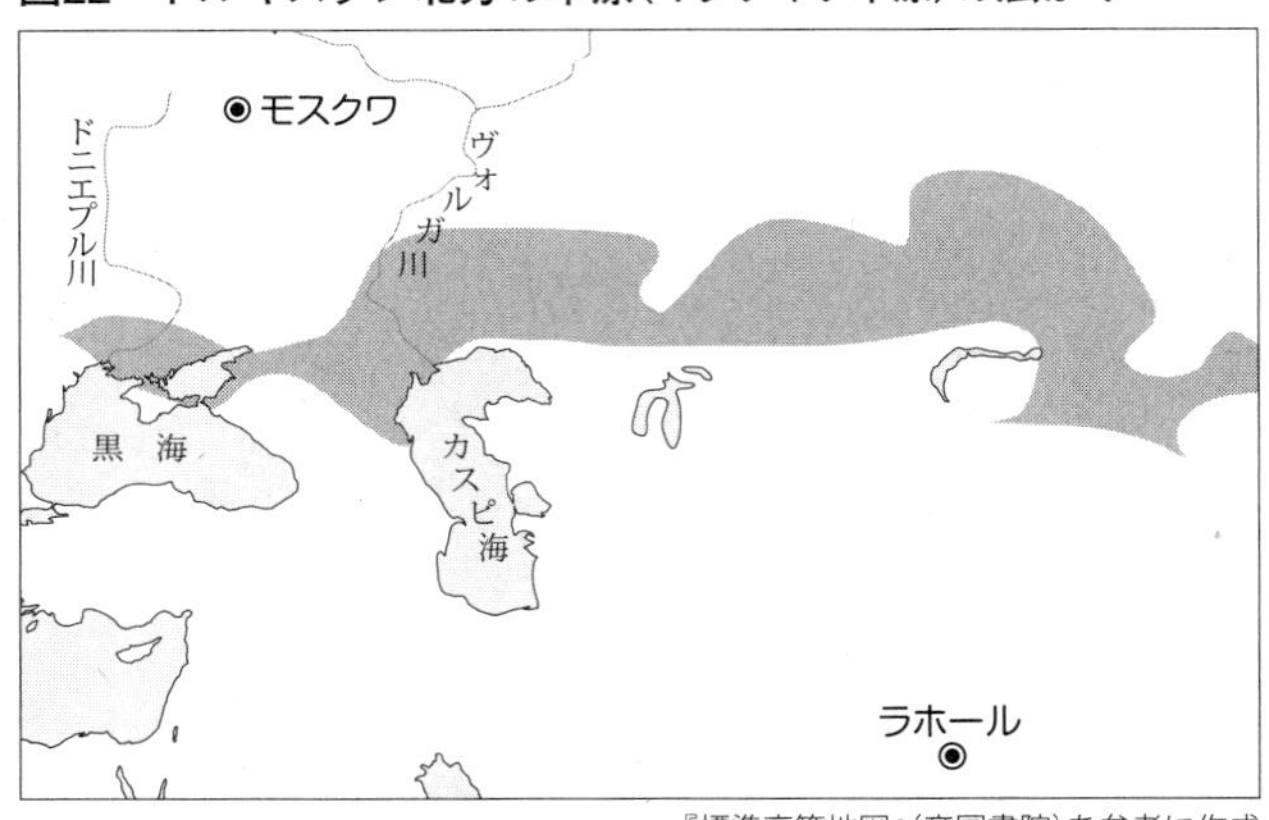

『標準高等地図』（帝国書院）を参考に作成

と考えていた。モンゴル族は満州族と似た民族であったから、かれらを同化させるのはたやすい。満州族とモンゴル族の連合軍で、漢民族を平定しようと考えたのだ。

しかし中国国内の内紛によって明朝は簡単に滅び、中国人の知識層の多くは清朝に従った（103ページ）。このあと清朝は国内の支配の整備をすすめ財政の基盤を固めたのちに、乾隆帝（けんりゅうてい）の治世（一七三五―九五年）になってようやく東トルキスタン方面に本格的な進出を開始した。

このとき清朝の最大の敵となったのが、ジュンガル部（105ページの図14

参照）である。乾隆帝は東トルキスタン方面の諸勢力を従えていく中で、一七五五年に総力を挙げてジュンガル部に戦争を仕掛けた。この戦いは一七五八年まで続き多くの犠牲者を出したが、最後にジュンガル部は清朝に併合され、このモンゴル人の軍勢は準部（じゅんぶ）の名で清国の有力な一部隊となった。

このあと清国は、回部（かいぶ）と呼ばれた東トルキスタンの中心部を一七六〇年に平定し、東トルキスタン以西のモンゴル族、トルコ族の居住地を領地に組み込んだ。

❖ダライ・ラマが治めたチベット

チベットは、中国内陸部の西方に位置する秘境である。そこは「世界の屋根」と呼ばれる海抜四〇〇〇メートルほどの山地にあり、長いこと他の地域から隔絶されてきた。

しかし精霊崇拝のうえにたつアジア各地の古代文化の中には、チベットから来たものがある程度あるらしい。

現在ではチベットは、インドと中国の間を結ぶ要衝として注目されている。

このチベットの地で、中国人と異なるさまざまな系統のアジア人が混じり合って、チベット人になった。六世紀頃までに羌族や氐族と呼ばれるチベットの住民は、しばしば中国西部の四川省に侵入した。中国の南北朝時代にはかれらが中国に、チベット系の国を建てたこともあった。この時期に中国に移住したチベット系の人々は、やがて中国化して中国人の一部になっていった。

七世紀頃に、チベットで最初の王朝である吐蕃が成立した。吐蕃はチベットだけでなく、現在の中国の青海省の周辺も、その領土にしていた（125ページの図21参照）。

この吐蕃の時代に独自のチベット文字がつくられ、インドと中国から仏教が導入された。七六三年に、吐蕃が唐に進攻して長安を一時占領した事態も起きた。

しかし吐蕃は、九世紀後半に分裂して衰退していった。ラマ教（チベット仏教）は吐蕃の衰退期である九世紀後半に形づくられたものだと考えられている。このあとラマ教はカギュ派、サキャ派、ゲルク派などの多くの流派に分裂し、個々の流派が思い思いに豪族と結びついて勢力を競い合う形となった。

この中にチベット僧クンチョウゲルボが一一世紀なかばにチベット西部で起こしたサキャ派があった。この流派の五代座主となった、パスパは元朝のフビライの引き立てを受けてその国師となった。

　そのためサキャ派は一三世紀にモンゴルの後援のもとで、チベットの政治と宗教全般を握った。これ以来チベットでは、長きにわたって政教一致の統治が続けられた。

　一五世紀頃からチベット仏教の流派の一つゲルク派では、教団の教主が亡くなったときに、その生まれ変わりの人物を探して次の教主とする決まりがつくられていた。モンゴルの地を治めたトゥメド部のアルタン・ハン（一五〇七―八二年）は、一五七八年にこのゲルク派の教主にダライ・ラマの称号を贈った。

　このあとゲルク派は勢力を拡大し、一七世紀なかばにチベット全域を統一してダライ・ラマをチベットの最高権威者と位置づけた。

❖清朝の保護国になったチベット

　チベットは一七世紀後半からダライ・ラマによって統治されていたが、第五世ダライ・ラマの没後に「ダライ・ラマの転生」と称する人間が三人も出てきた。かれらが真偽を争ってチベットが混乱している最中の一七一八年に、清朝の康熙帝がチベットに軍勢を送り込んできた。

清軍は一七二〇年にチベットの首都のラサに入り、ダライ・ラマ六世を立てた。この時点ではチベットは独立国として扱われていた。しかし清朝はこのあと一七二四年に青海省にあったワラ部を併合し、その勢いに乗じてチベットに進攻し、そこを保護国にした。チベットは一七五一年になって正式に清朝の一部とされたのだ。

このあと清朝の二人の駐在大臣がチベットに駐留し、そこを政治的に指導する形がつくられた。これ以降、チベットに混乱が起きたときには、毎回、清朝の軍勢が送りこまれた。

清朝の人口は、一八世紀後半に二億人から四億人に増加した。そのため内モンゴルには中国人の移住者がかなりみられた。しかし清朝は、交通が不便で国情の異なるチベットを中国化しようとは考えなかった。それゆえチベット人は、辛亥革命までダライ・ラマのもとにまとまっていた。

❖東トルキスタンとチベットを征圧した中国共産党

辛亥革命（一九一一年）で清朝が倒れたあと、東トルキスタンは国民党の支配のもとにおかれた。しかし清朝の滅亡寸前の一九一〇年代に入ったあたりから、東トルキスタンのトルコ系住民の改革運動が高まっていた。このような背景の中カシュガルで一九三三年に、イスラム法の重視を旗印とするトルコ民族主義者のサビト・ダムッラなどによって、東トルキスタン共和国の樹立が宣言された。

しかし東トルキスタン共和国は、中国各地の軍閥の抗争の中で翌一九三四年に倒れた。東トルキスタンはその後、長期の混乱を経たあと、最終的には中国共産党の軍勢に征圧された。中国政府は一九五五年にそこを新疆ウイグル自治区とした。この自治区の成立後に、中国人の移住者が急増して、そこの中国化がすすめられていったのだ。

現在、そこの人口の四〇パーセント余りが中国人で、五〇パーセント足らずがトルコ系のウイグル族だといわれている。

一方、チベットでは辛亥革命の直後にあたる一九一三年に、ダライ・ラマ一三世によってチベット独立宣言がなされた。しかし中国共産党が、中国を統一したあとチベットに軍勢を送り込んできた。そして一九五一年にダライ・ラマの統治は存続させるが、チベットに中国軍をおいて大幅な社会改革を行なうことを定めたチベット平和解放協定が結ばれた。

このあと軍事的圧力を背景とした漢民族主導の経済がつくられ、中国人の移住者があい次いだ。これに反発するチベット人は、一九五九年にラマ僧らの指導のもとに反乱を起こしたが、中国軍に鎮圧されてしまった。

ダライ・ラマ一四世はこの事件のあとインドに亡命し、約一〇万人のチベット人がダライ・ラマに従った。中国政府は一九六五年にチベット自治区をおいたが、自治区の政治は中国共産党が派遣した役人に握られている。

いまとなっては、中国化のすすむ東トルキスタンやチベットを独立させることはきわめて難しいであろう。

中国政府は東トルキスタンを、ロシアに対抗していくのに必要な地で、チベットは対インド政策を進めるうえで欠かせないところだと考えているらしい。

❖拡大を続ける漢民族

「漢民族」という概念は、南宋朝のあたり（一三世紀末）まではきわめて曖昧なものであった。中国の歴代の諸王朝の領土に住み、中国語を使い中国文化を受け入れた者がすべて中国人と考えられたのである。

中国に移住してきたさまざまなアジア人が漢民族とされた。そのうえ唐代には、漢民族に同化した「胡人（こじん）」と呼ばれる青い眼のソグド人やペルシア人もみられた。女真族が中国北部に建てた金朝の時代には、金朝の女真族が中国人となり、元朝ではモンゴル人や「色目人（しきもくじん）」と呼ばれた西方の人々も中国人として扱われた。モンゴル帝国という大きなまとまりの中では、モンゴル人もトルコ系の諸民族もアラブ人やロシア人、漢民族、色目人も、同じ帝国の人間とされた。

漢民族と北方の遊牧民を別の民族とする発想が確立するのは、明朝の時代である。モンゴル人を追い払い漢民族の居住地だけを確保した明朝の支配層は、北元（ほくげん）などのモンゴル系の勢力を大そう怖れていた。そのため明の時代に、漢民族と北方との区切りである万里の長城がより強化されて再建された。これによって中国で、

「簡単に越えられない、万里の長城の南に住む者だけが味方である」

という発想が時間と共に強まっていったのだ。こういった中で明朝の時代以後、中国人（漢民族）の人口がじわじわと増加していった。かれらは、世界のどこにでも住めるたくましい人々である。中国人の際限なき拡大はこれからの世界に何をも

たらすのであろうか。

次章で扱うヨーロッパ方面へのロシアの拡大も、アジア系のチベット人やトルコ人、中国人の世界への進出に似た性格をもつものである。

第七章

ロシアによるヨーロッパへの領土拡大の目的とは?

❖ロシアの侵攻を恐れるリトアニア

少し前に、ロシアが自国の西方の飛び地であるカリーニングラードの軍備を強化しているというニュースが流れた。カリーニングラードは、ロシアが第二次世界大戦でドイツから奪った土地である。

カリーニングラードの東隣りの小国リトアニアが、ロシアの侵攻を恐れているというジャーナリストもいる。ロシアがリトアニアの人口の五パーセントほどを占めるロシア人の保護を口実に、リトアニアを併合するのではないかというのだ。

ロシアには、二〇一四年にウクライナの一部であったクリミアを強引にロシアに編入した前科がある。

リトアニアの地は一八世紀末に、ロシア帝国に併合された歴史をもつ。リトアニア人は、スラブ系民族の中に孤立する形で居住してきたバルト海沿岸に広がったバルト系のアーリア人である。かれらは、第一次世界大戦後に一度は独立した。しかし第二次世界大戦のときに、ソ連軍の侵攻を受けて占領されたのちに、リトアニアはソヴィエト連邦を構成する一国とされた。

リトアニアはソ連の崩壊の直前にあたる一九九〇年に、隣りのラトビア、エストニアと共に独立を宣言した。

❖汎（はん）スラブ主義を唱えたロシア帝国

第四章にも記したようにロシア人は、近年まで際限なくその勢力を拡大してきた。そのうえかれらは、現在でも領土に対する強い欲望をもっている。ロシア人は、東方のシベリア、南方のモンゴル系の諸国とオスマン・トルコの勢力圏、西方の東ヨーロッパの三方向に進出しロシア領を拡大してきたのだ。ロシア人が最も強い関心を示してきたのは自国の西方に広がるスラブ系民族の居住地であった。

ロシアの指導者は、東ヨーロッパにある隣国にロシア人移民を送り込んだのちに、ロシア人の多い地域を自国に組み込むやり方を続けてきた。

前（89ページ）にも述べたように、一六世紀なかばのロシア帝国は、モスクワとその周辺のロシア人を支配するだけの国であった。ところがロシア人は急速に広がり、一九世紀にはロシアのもとに全スラブ民族を統合する汎スラブ主義を唱え始めた。

ロシア人以外のスラブ民族は、ロシア帝国のこの覇権主義を大そう恐れた。この汎スラブ主義が共産党支配下で、ソヴィエト連邦をつくり上げることになったのである。

❖ロシアがバルト海沿岸を得た北方戦争

ロシアは一六六七年に、ポーランド・リトアニア王国の東端のウクライナ人や白ロシア人（ベラルーシ人）の居住地を自領に組み入れた。このときキエフ公国の首都であったキエフやスモレンスクが、ロシア領となったのだ。

このあとロシアの勢力を西方に大きく伸ばしたのだ、ピョートル一世（在位一六八二―一七二五年）である。世界各地に植民地をつくり外国貿易で繁栄していたイギリスやオランダを視察したかれは、外港となるバルト海沿岸がロシアの発展に欠かせないことを摑んだ。

スウェーデンは一七世紀末に、バルト海沿岸で勢力を拡大していた。これに対してヨーロッパ諸国は、スウェーデンの拡大に対する警戒を強めていた。

こうした背景で、一七〇〇年にロシアのピョートル一世がデンマークと組んでスウェーデンに戦いを仕掛けた。これが北方戦争（一七〇〇―二一年）である。このあとポーランドとプロシアがロシアにつき、オスマン・トルコとドイツ諸侯の一つサクソニアがスウェーデンの側にまわって大戦争となった。

スウェーデン軍が勝利し、ワルシャワを占領した時期もあった。しかししだいにロシアの側が有利になり、ロシアはスウェーデン軍を破ってフィンランドなどを征

図23　キエフなどを併合したロシア

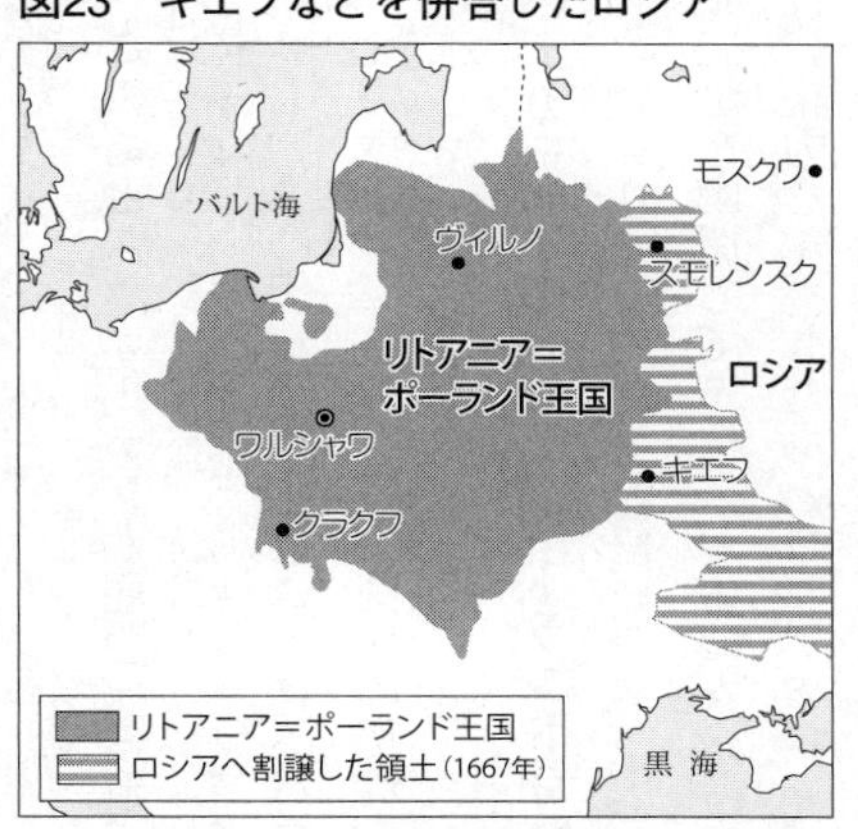

『詳説　世界史図録』（山川出版社）を参考に作成

図24　ピョートル１世が北方戦争で得た領土

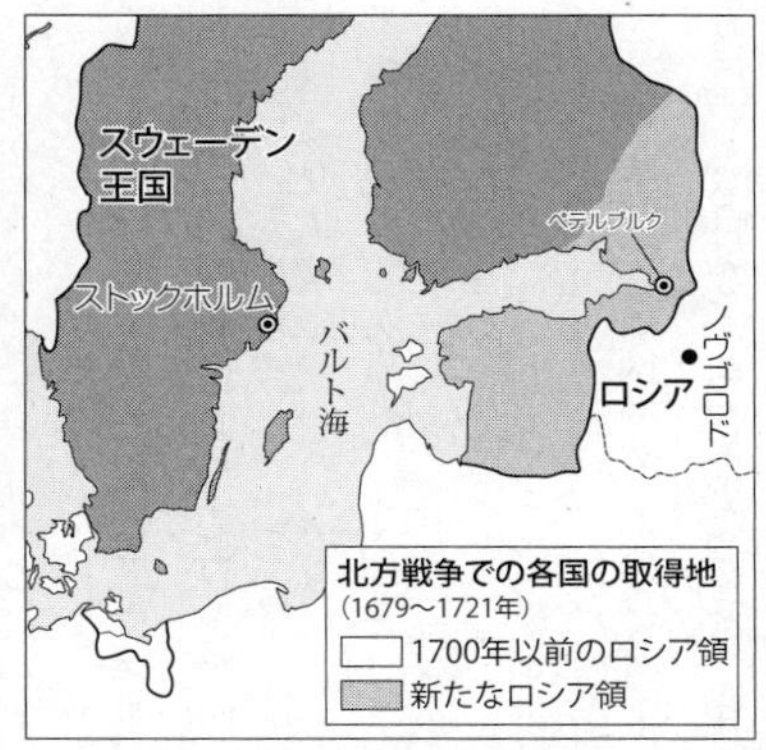

『詳説　世界史図録』（山川出版社）を参考に作成

圧した。

このあとスウェーデンが屈服する形で和睦が成立し、バルト海方面のスウェーデンの領地の一部分がロシアに譲られることになった。この勝利によってロシアはスウェーデンに代わって北東ヨーロッパの覇権を握ることになったのである。

北方戦争は、ロシアの大国化の契機となった重要な戦争であった。

❖エカテリーナ二世のポーランド分割

エカテリーナ二世（在位一七六二―九六年）は、近衛部隊を使って夫のピョートル三世を幽閉して帝位についた女帝である。彼女は、女性ながら粗暴なことで知られ、権力を掌握したあとロシアの貴族層に対して強い指導力をもち続けた、女傑と呼ぶべき人物であった。

エカテリーナ二世は、貴族たちの皇帝への反感をそらすために、かれらの目を海外に向けようと考え、ロシアの拡大策を取り続けた。前（94ページ）に述べたように彼女は、はるか東方の日本にまで接近してきたのである。しかしロシアの拡大策は、江戸幕府に阻まれた。

エカテリーナ二世の最も大きな成果は、ポーランド分割であった。それまでロシアとリトアニア・ポーランド王国は、国境で紛争を繰り返していた。

そのためエカテリーナ二世は、オーストリア、プロシアにはたらきかけて、かれらを味方に引き込みリトアニア・ポーランド王国を三度にわたって分割して滅ぼした。西洋史家は「ポーランド分割」というが、正式には、「リトアニア・ポーランド王国」を三国で分割したことになる。

プロシアは、以前からドイツ騎士団領であった地域（152ページ図28参照）の領有をめぐって、ポーランドと反目してきた。エカテリーナ二世は、最初は政略を用いようと考え、自分の愛人のポニャトフスキーをリトアニア・ポーランド王位につけた。

ポニャトフスキーを使ってリトアニア・ポーランド王国

図25　ポーランド分割

バルト海
ロシア
プロイセン王国
ワルシャワ
オーストリア
1771年時点のリトアニア＝ポーランド王国
オスマン帝国

分割年次	第1回（1772年）	第2回（1793年）	第3回（1795年）
ロシア領	■	■	■
プロセイン領	■	■	■
オーストリア領	■		■

『詳説　世界史図録』（山川出版社）を参考に作成

の全土を保護国にしようともくろんだのだが、ポーランド人は国王に強く反発した。そのため彼女は一七七二年に、プロシア、オーストリアを引きこんで第一次ポーランド分割を敢行した。

さらに彼女は一七九二年のポーランド国内の混乱に乗じて、ロシア軍を送り込み、翌一七九三年にプロシアと共に第二次ポーランド分割を行なった。このときロシアは、占領したワルシャワを放棄する代わりに自国の西方の広い領土を得た。

これに次いでポーランドの反乱に乗じて、ロシア、プロシア、オーストリアは一七九五年に第三次ポーランド分割を成し遂げた。このときワルシャワはプロシア領になったが、ニエメン川東方のウクライナ人、白ロシア人、リトアニア人などが居住する地はすべてロシア領となった。

❖際限なく拡大するロシア帝国

フィンランドは長期にわたって、スウェーデンの支配を受けてきたが、ナポレオン戦争のあとの一八〇九年に、この戦争の勝者の側であったロシアがフィンランドを得た。

ロシアはフィンランドをロシア皇帝の下のフィンランド大公が治める大公国として、ある程度の自治を認めていたが、一九世紀末に自治権を奪った。このあとフィンランドはロシア領となって、第一次世界大戦を迎える。

エカテリーナ二世は、モスクワ南方のトルコ系民族の勢力圏でも領土拡大につとめている。一七六八年から一七七四年まで行なわれたオスマン・トルコとの第一次トルコ戦争によって、ロシアはドニエプル川とブグ川の河口部を獲得した。一七八三年にロシアはモンゴル系のクリミア・ハン国（151ページ参照）を併合し、一七八七年から一七九二年まで行なわれた第二次トルコ戦争によって、南ブグ川、ドニエプル川間のすべての地をロシア領とした。これによって、黒海の北岸はすべてロシアの領土になったのである。

ロシアはさらに一九世紀はじめにコーカサスと呼ばれる黒海とカスピ海の間の地に領土を拡大した。同じ頃にトルキスタン北方の草原地帯もロシア領とされた。さらにロシアは一九世紀後半にコーカサスのほぼ全域を領土としたうえに、西トルキスタンの国々をロシアの保護国とした。

これによって二〇世紀はじめに、ユーラシア大陸の北東部に広大な領土をもつロシア帝国が出現した。その国の国境は、西はドイツ、オーストリア等と、南はオスマン・トルコ、ペルシア、アフガニスタン、清朝と接していた。

❖第一次世界大戦後のヨーロッパの民族自決とソ連

ロシア帝国は、さらなる領土の拡大を目指して第一次世界大戦に参戦した（一九一四年）。しかしドイツに向かったロシア軍は、ヒンデンブルクが率いるドイツ軍に大敗してしまう。

このあと戦争に反発する民衆の暴動をきっかけにロシア革命（一九一七年）が起き、ロマノフ朝の皇帝を君主とするロシア帝国は滅んだ。革命の主導権を握ったレーニンは、ドイツの要求を受け入れる形で単独講和を結んだのだ。

フィンランドは、このロシア革命に乗じて一九一七年に独立を宣言し、エストニアは一九二〇年に、ラトヴィア、リトアニア、ポーランドは、一九一八年に独立した。一九一九年に、第一次世界大戦の講和会議がパリで開かれた。このときアメリカ、イギリス、フランスなどの戦勝国は、強国の植民地の争奪が、悲惨な戦争を起こしたことを深く反省して、民族自決の方針を打ち出した。

それまで大国に支配されていた弱小民族を独立させて、新たに民族国家をつくらせようというのである。これによって、ヨーロッパに多くの国が誕生した。

この時点では、民族自決は白人だけの特権とされていた。そのためアラブ世界、アフリカ、アジア、オセアニアの諸民族は大国の植民地のままであった。

パリ講和会議によって定められたヨーロッパの国際秩序は、「ヴェルサイユ体制」と呼ばれる。ヴェルサイユ体制のもとで、ロシア帝国領であったフィンランドなど五カ国の独立が追認され、これに次いでまたロシアの一部であったベッサラビアが、ルーマニアに割譲された。

このときのポーランドの独立によって、ドイツ騎士団領の流れをひく東プロシアは、ポーランド領内のドイツの飛び地となった。

しかしソ連の政情がスターリンのもとで安定すると、スターリンは再びロシアの拡大をもくろみ始めた。かれはヨーロッパにおけるロシア帝国の旧領をソ連のもとに回復することを目指すとともに、日本が一九三二年に中国に建国した満州国にも狙いを定めていたのだ。

ヒトラー率いるドイツが拡大策を進め始めたのを知ったスターリンは、一九三九年にヒトラーと独ソ不可侵条約を結んだ。このあとドイツとロシアはポーランドに侵攻し、そこを東西に分割したのだ。

ドイツのポーランド攻撃を受けてイギリスとフランスがドイツに宣戦布告し、第二次世界大戦が始まった。ロシアはこのあと、フィンランドに攻め込んでその国境地帯を獲得し、バルト三国を併合した。

東西冷戦が始まる

軍事力を誇るソ連は、第二次世界大戦中に順調に拡大策をすすめるかと思われた。ところが一九四一年六月にドイツが独ソ不可侵条約を破って、最新鋭の兵器を備えた大軍をソ連に送り込んできた。

このあとドイツ軍は勝利を重ね、モスクワまで陥してソ連領内深く攻め込んだ。ソ連は一九四三年二月になって、ようやくスターリングラードでドイツ軍を破り、反撃にうつった。このあとソ連軍は勝利を重ね、一九四五年にはポーランドを解放し、そこを社会主義にたつ独立国とした。

アメリカ、イギリス、フランスなどの自由主義陣営の国々とソ連は、第二次世界

図26　第一次世界大戦後のヨーロッパの新たな独立国

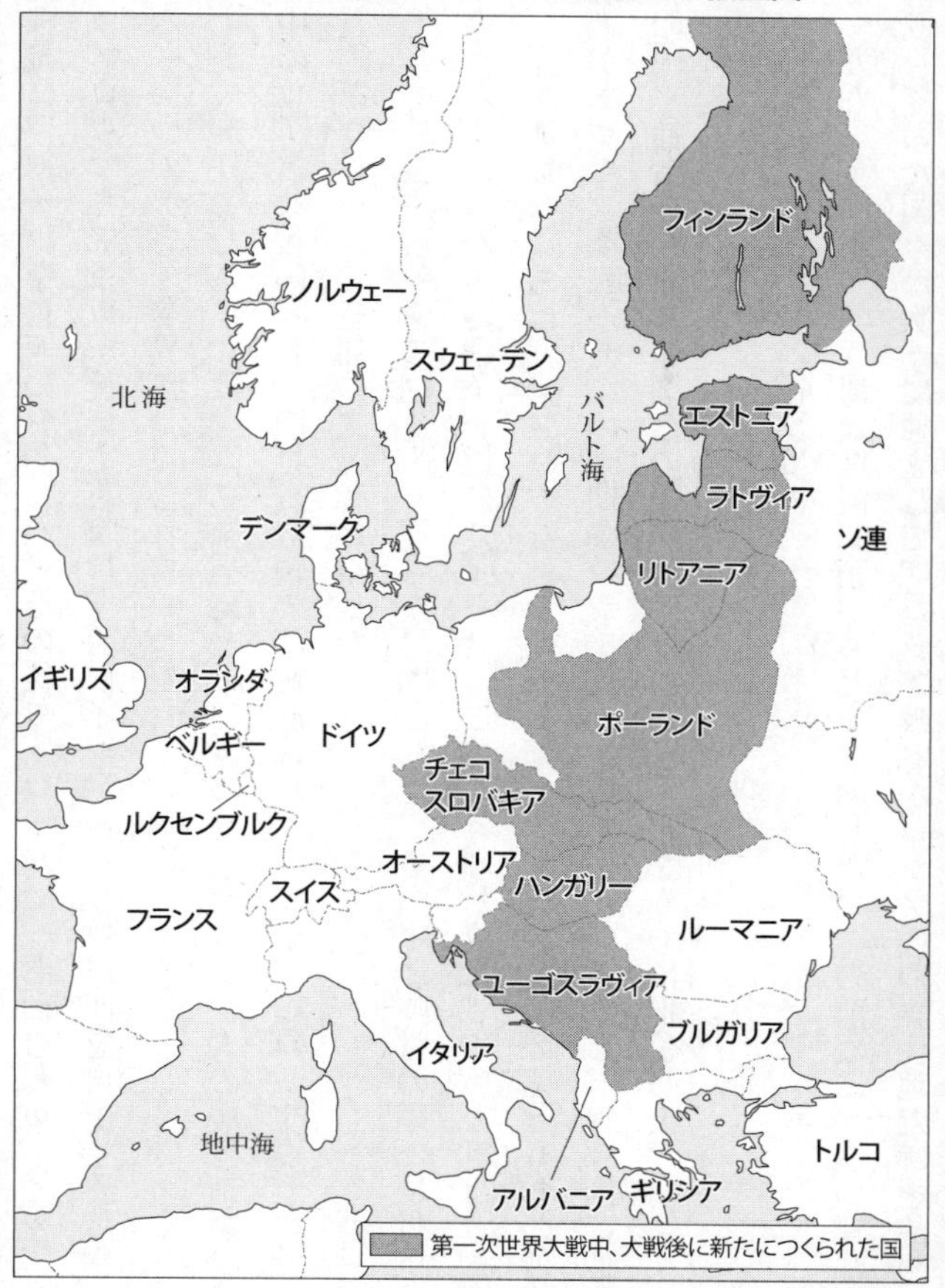

『詳説　世界史図録』(山川出版社)を参考に作成

大戦後に、ドイツを東西に分割した。その後ヨーロッパで、おおむね東ドイツ、チェコスロヴァキア以東を社会主義陣営、西ドイツ、イタリア以西を自由主義陣営とする、二つの勢力の境界がつくられていった。

オーストリアとスイスは、中立を唱えた。戦後のソ連はロシア人の居住地をソ連の中のロシア共和国とし、旧ロシア領の諸民族にウクライナ、白ロシアなどの社会主義国をつくらせて連邦の主導者となった。

そして社会主義陣営の国々をソ連の衛星国として、自由主義陣営の国々に対抗していった。正面からの戦争を避けて張り合うこのような対立は、冷戦と呼ばれた。

ソ連が健在なうちに、アメリカなどを仮想敵国とした社会主義政権どうしの仲間意識があった。それゆえこの時期のロシア人が主導するソ連政府と、連邦内の他民族の国や社会主義陣営諸国との関係は、おおむね平和なうちに推移した。

❖ソ連崩壊で噴出した領土問題

一九九一年になってソ連は経済問題がもとで崩壊した。この前後にソ連の連邦を構成していた国々が次々に独立して、ロシア政府がロシア人の居住地だけを治める

図27　社会主義陣営と自由主義陣営(1945〜90年)

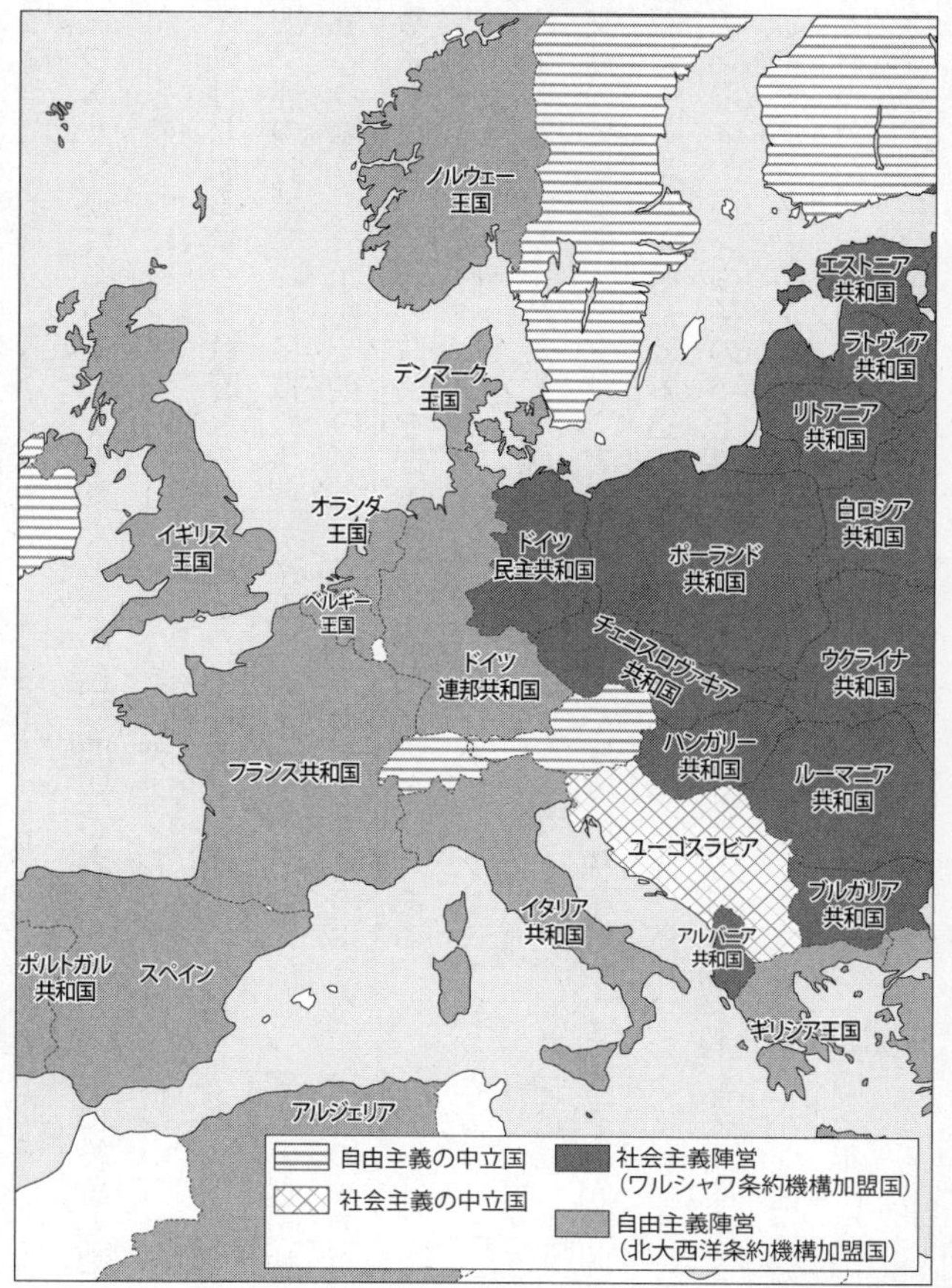

『標準世界史地図』(吉川弘文館)を参考に作成

形となった。

このあとソ連によってつくられた多くの民族問題が表面化し、次々に紛争が起こった。その一つにロシアからの自立を望むチェチェン人とチェチェンにいるロシア人を後押しするロシア政府との間で起きたチェチェン紛争（一九九四年）がある。

旧ソ連の各地でこれに似た事態が次々に起こっていたのだ。ロシア人と他民族との争いの他に、一九九一年のグルジア、南オセチア紛争のような旧ソ連の一国内の少数派の民族と、国の政治を握る多数派の民族の争いもある。

それらの詳細は省略せざるを得ないが、前にあげたクリミア独立とカリーニングラードの歴史背景を補足して説明しておきたい。

交通の要地であったクリミアは、さまざまな国家の係争地になってきたが、一三世紀にモンゴル帝国に組み込まれた。

チンギス・ハンの孫のバトゥの子孫はこのあと、その周辺のトルコ系民族を支配するキプチャク・ハン国という大国を建てた。このあとキプチャク・ハン国は分裂していったが、その中には、バトゥの子孫のバッジ・ギレイが一四四一年に建国したクリミア・ハン国があった。

チンギス・ハンの流れをひく国が次々に滅んでいく中で、クリミア・ハン国はチンギス・ハンの末裔が治めた最後の国になった。イスラム教国であったクリミア・ハン国は一四七五年からオスマン・トルコの保護下におかれたが、一七八三年になってロシア帝国に併合された。そのときウクライナがロシアの一部となっていたため、形の上ではクリミアは北方に広がるウクライナに組み込まれたようにもみえた。

このあとウクライナ人やロシア人が多くクリミアに移住したため、現在そこはモンゴル帝国に従ったトルコ系のタタール人と、ウクライナ人、ロシア人が雑居する地になったのである。

カリーニングラードは、一三世紀につくられたドイツ騎士団領の流れをひく地である。ポーランド王が行き場を無くしたドイツ騎士団を、バルト海沿岸の未開発の地に招いたのがその起こりである。かれらは十字軍の遠征に加わったが、イスラム圏に新たな領地を得られず、失意のうちに帰国した。

その後ドイツ騎士団領はしだいに領地を拡大していったが、一七世紀に衰退した。このあとドイツ騎士団領であった土地は、ポーランドとドイツの西端のプロシ

図28　14世紀のドイツ騎士団領

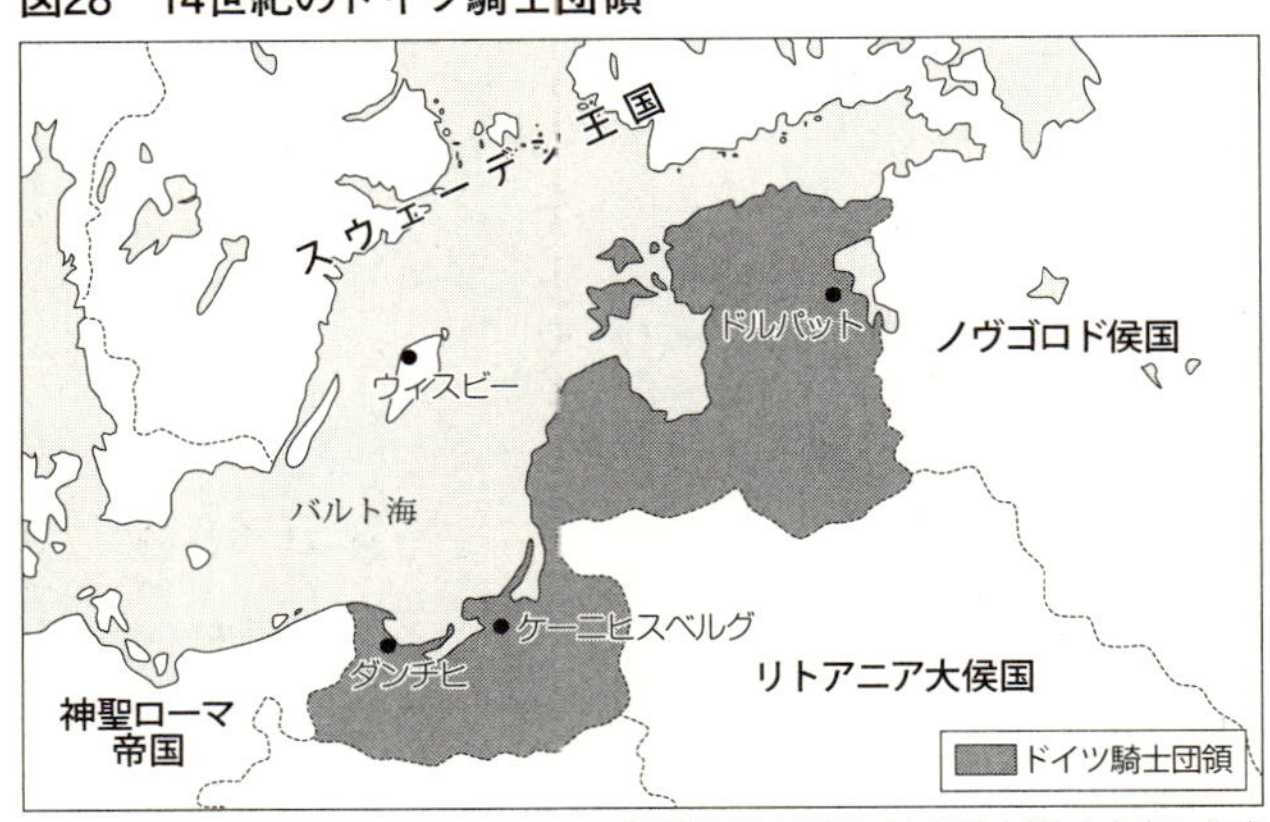

『標準世界史地図』（吉川弘文館）を参考に作成

ア公国の領地に組み込まれた。このプロシアは一八七一年に、ドイツを統一してドイツ帝国を築いた。

第一次世界大戦後に騎士団領からドイツ領になった地域はドイツ領東プロシアとされたが、第二次世界大戦で東プロシアはソ連軍に占領された。

このあとソ連はカリーニングラードを除く東プロシアを、衛星国であるポーランドに譲った。そして第二次世界大戦後に東プロシアのドイツ人は東西両ドイツに移住し、カリーニングラードの住民の大部分が第二次世界大戦後に来たロシア人となったのである。

クリミアやカリーニングラードのよう

な複雑な歴史を背負った地の民族問題を、今後どう解決すればよいのであろうか。

ロシア人は、これまでと同じようにさまざまな民族問題を生み出しながら拡大し続けていくのであろう。

次章で取り上げるＥＵは、主にロシア人がつくった社会主義国ソ連の脅威の中でつくられたものである。

第八章

EUが行き詰まり、ヨーロッパが一つになれないわけとは?

❖イギリスから反EUの声が広がる

欧州連合（EU）とは、次のようなものだと説明されている。

「EUとは二八国の主権国家の集まりであるが、二八国が揃ってその主権の一部を他の機構に譲る形で結びついた共同体である」

EUの国々は、緊密に経済的な協力関係を築き、ユーロという通貨を共有してきた。近年のEUはヨーロッパ諸国が団結して、アメリカのような経済大国に対抗していくための組織となっていた。

ところがヨーロッパのあちこちで、EUの存在を批判する声が上がり始めた。二〇一六年にイギリスでEU離脱の是非を問う国民投票が行なわれ、離脱の票が過半数をとるという衝撃的な事態が起こった。

イギリスは現在（二〇一七年）の時点でまだEU内にいるが、EUとイギリス政府の間でEU離脱をめぐる交渉が進められている。ドイツやフランスでもEU離脱や移民の排斥などを唱える極右政党が勢力を増している。

ヨーロッパ諸国には、「ヨーロッパは一つにまとまろう」とする指向と、「自国が一国単位で自立していこう」という発想との、正反対の考えがならび立っている。このようなヨーロッパのあり方を理解するには、ヨーロッパの歴史について詳しくみていく必要がある。

❖ヨーロッパ文化を共有する国々と諸侯

ヨーロッパを理解するためには、

「かつて『ヨーロッパ人』という一つの民族があった」

と考えることから出発するのがよいだろう。

ヨーロッパの主な住民であるラテン系、ゲルマン系、スラブ系の諸民族は、アーリア人の流れをひく互いに近い関係にある民族群である。かつてかれらの言語のもとになった、「古代アーリア語」なるものが存在したと考える言語学者もいる。

私たちが考えるようなヨーロッパ世界は、五世紀末のゲルマン民族大移動をきっかけにつくられた。ゲルマン系の多様な民族が西ローマ帝国を滅ぼし（四七六年）、ラテン系の民族を支配下に組み込んで、思い思いの国を建てたのだ。

そのようにしてつくられたヨーロッパ世界は、まもなく多くの国王や諸侯の領地に分割された。そして九世紀頃までに、キリスト教のうえに立ち、ゲルマン系とラテン系の文化を融合させた、「ヨーロッパ中世文化」と呼ぶべきものが生まれた。

この時点では、ヨーロッパ世界の広がりは西ヨーロッパと南ヨーロッパの約半分の地域に限られていた。ヨーロッパ世界は、「ヨーロッパ中世文化」を共有する大きな民族の居住地であったのだ。中世のヨーロッパの各地には、ゲルマン系とラテン系の要素が入り混じった独自の俗語を話すさまざまな集団がいた。この時代の中世フランス語などの言語は、「ヨーロッパ語」の方言のようなものであった。

このようなヨーロッパ世界には、聖職者などの知識層が用いるラテン語という共通語があった。

❖ヨーロッパ世界の曖昧なまとまり

中世ヨーロッパには多くの王や諸侯がいたが、かれらは自分が治める王領や諸侯の領地が完結した世界でなく、広いヨーロッパ世界の一部にすぎないと考えていた。

百年戦争が終わった一五世紀なかば以後に、この形が、徐々に崩れ始める。

前に（１３３ページ）「漢民族」という集団が確立したのが、一四世紀末の明代以後のことであると記した。それまでは、中国に住み中国文化を共有するさまざまな系統のアジア人がすべて中国人とされてきたのだ。

これと同じことが、ヨーロッパ世界にもあてはまる。最初のゲルマン系の民族とラテン系の民族の混血によって、ヨーロッパには多様な髪の色、いろいろな目の色をした白人がみられるようになった。中世ヨーロッパ人の中には、ローマ帝国支配下にあったアジア人と混血した白人もいた。

このような世界で、「見た目の違う者」を排除してしまうと、人々はまとまることができない。そのため中世のヨーロッパの人々は「誰もが同じヨーロッパの白人である」という考え方を、共有するようになったのだ。

中世までのヨーロッパは、一四世紀末の元代の頃までの中国と似た、まとまった一つの世界であったといってよい。このような中世ヨーロッパ世界は、じわじわと拡大していった。

フン族、ブルガル人、マジャール人などの、「キプチャク草原」を通ってヨーロッパに侵入したモンゴル系やトルコ系のアジア人は、次々にヨーロッパ文化を身に付けてヨーロッパ化した。

現在のフィンランドにはフン族、ブルガリアにはブルガル人、ハンガリーにはマジャール人の流れをひく人々がいる。

北ヨーロッパにいたゲルマン系のノルマン人は、もとはヨーロッパ世界とは別の独自の文化圏をつくっていた。しかしかれらはたびたび西ヨーロッパに侵入したのちに、西ヨーロッパ文化圏に飲み込まれていった。

東ヨーロッパにはスラブ系の人々がいたが、ドイツ人などがしだいにかれらの居住地に広がり、キリスト教の文化を伝えた。そのためスラブ系の民族も、西ヨーロッパ化した。

このため一二世紀頃には、北ヨーロッパ、東ヨーロッパを含む広大なヨーロッパ全土が、ヨーロッパ世界になったのである。

❖ヨーロッパで共存していたカトリックとギリシア正教

ゲルマン民族大移動より前に、さまざまな民族を飲み込んでつくられたローマ帝国があった。この国はローマ人が支配した国だが、ローマの統治のもとでは、ギリシア人、エジプト人、ヘブライ人（のちのユダヤ人）、ゲルマン人などの多様な民族が活躍していた。

ヨーロッパ世界の人々はこのようなローマ時代と同じ感覚で、「ヨーロッパは一つ」と考えた。ローマ帝国は三九五年に東ローマ帝国と西ローマ帝国に分裂し、東ローマ帝国はギリシア人が支配するビザンツ帝国になっていく。

キリスト教会もこれに応じて、ローマのカトリック教会とギリシア正教会に分かれていった。カトリック教会を統べるローマ教皇は、九世紀に西ヨーロッパ世界の最高権威となった。西ローマ帝国の帝位と各国の王位を授ける唯一の権威をもつ人間とされたのだ。

中世ヨーロッパの貴族層は、

「教皇がキリスト教文化にたつヨーロッパ世界全体の上に立ち、王や諸侯はそのヨーロッパ世界の一部分を治めるだけのものである」

と考えていた。

ギリシア正教会は、主にビザンツ帝国に近い位置にある東ヨーロッパに布教した。しかしローマ教皇の権威が重んじられた時期の東ヨーロッパに、ギリシア正教会を後援する強国はつくられなかった。

東ヨーロッパの中でもドイツに近いボヘミア（現在のチェコ）、ポーランドなどは、カトリック国となった。そのためヨーロッパ世界では、カトリック教会がギリシア正教会よりはるかに優位にたっていた。

❖失敗した中世のヨーロッパ統合

ヨーロッパを一つに統一しようとする企ては、確かにあった。フランク族がつくったフランク王国のカール大帝はランゴバルド王国やザクセン人を従えてフランクの領土を拡大し、八〇〇年にローマ教皇から西ローマ帝国の帝冠を与えられた。

カール大帝は確かに、ゲルマン系のフランク族のもとに諸民族を統合し、当時のヨーロッパ世界の主要部分を統一した。かれの領域は、おおむね現在のフランス、イタリア、ドイツの大部分に及ぶものであった。

この時代のイベリア半島（スペイン・ポルトガル）はイスラム系の後ウマイヤ朝の支配下におかれていた。またこの時代の北ヨーロッパや東ヨーロッパは、ヨーロッパ世界の外にあった。

図29　カール大帝の領土

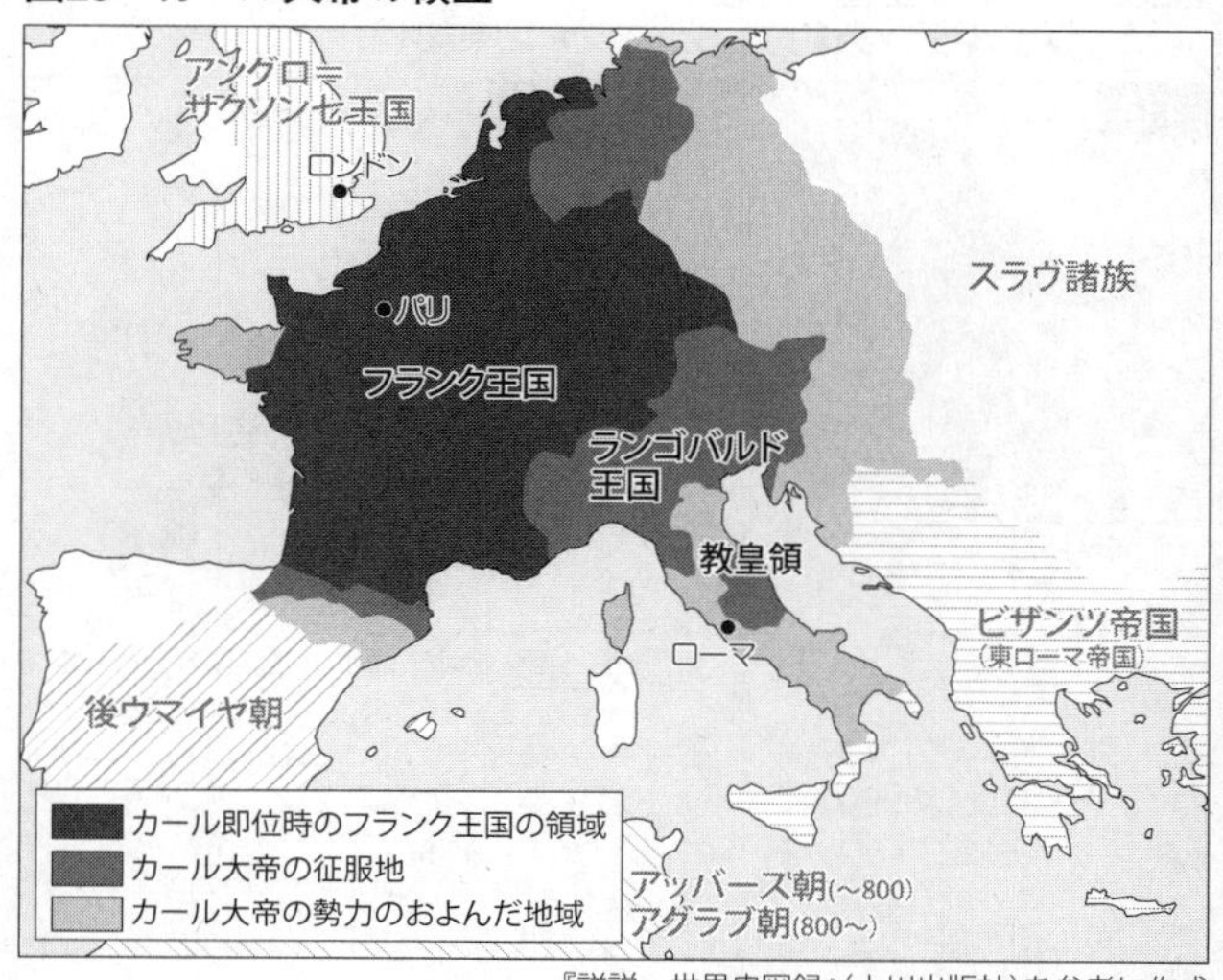

『詳説　世界史図録』（山川出版社）を参考に作成

　しかしカール大帝のフランク王国の実態は、自立した多くの諸侯の領地の寄せ集めにすぎなかった。そのためカール大帝の統一の試みは、わずか四三年しかもたなかった。

　八四三年に、フランク王国は三つに分裂した。ドイツのもとになった東フランク王国とフランスにつらなる西フランク、イタリアに中心をおくロタールの国の三国である。

　このあとロタールの国は八七〇年に現在のドイツ、フランスの領土を失い、イタリア北部だ

図30　フランク王国の分裂
ヴェルダン条約（左）とメルセン条約（右）

『詳説　世界史図録』（山川出版社）を参考に作成

けを治める小国にされた。

東フランク王国では、一〇世紀はじめにカール大帝の流れをひくカロリング朝の血統がとだえた。このあとの東フランクでは諸侯が、選挙によって国王を選ぶ形がつくられた。

諸侯の一つサクソニア家から王に選ばれたオットー一世は、マジャール族を討ち、北イタリアを平定したあと、九六二年にローマ教皇から帝冠を授けられた。

これがのちのドイツに相当する、神聖ローマ帝国の始まりである。オットー一世は、イタリア全土を平定したのちにヨーロッパ全域を統一しようと計画していたと考えてよい。しかしサクソニア家はまもなく後退し、ドイツでは長期にわたって選挙王制がとられることになった。

ヨーロッパが神聖ローマ帝国のもとにまとまることはなく、ヨーロッパの分裂状態は長期にわたって続いたのだ。

✣民族国家の誕生で分裂するヨーロッパ

現在のヨーロッパに国境はあるが、ヨーロッパにある国々は単一の文化をもつ完結した世界ではない。

「ヨーロッパの国は古い伝統にもとづく個性の強い地方文化をもつ中央からなかば自立した地域の寄せ集めである」

と説明せざるを得ないのである。

前に述べたように（30ページ）、広義のイギリスを構成するイングランド、スコットランド、ウェールズ、アイルランドの四つの地域は全く異なるものである。フランスのパリ、ボルドー、ブルゴーニュなどの個々の地域も全く別物である。

フランスのアルザス、ロレーヌ地方には、フランス的要素とドイツ的要素が併存している。

ボルドーは長期にわたってイングランドの支配下にあった地域（37ページ）であ

る。そしてブルゴーニュは、ゲルマン系のブルグンド族がつくったブルゴーニュ公国の流れをひいている。

アルザス、ロレーヌはドイツに属したり、フランスに属したりした歴史をもつ地域である。一九世紀末から第一次世界大戦まで、そこはドイツ領であった。

一四世紀はじめ頃の中世ヨーロッパ世界は、多数の王領や諸侯の領地の集合体であった。それらの一つ一つは、現在のヨーロッパの諸地域と同じような独自の伝統をもつ個性の強い世界だった。そして中世が終わる頃にそのような混沌とした世界に、民族国家というまとまりができるきっかけがいくつか生じた。最初のものは、イギリスの王と貴族の連合軍がフランスの王と貴族の連合軍と長期にわたって戦った百年戦争（一三三九―一四五三年）である。

この戦いによってイギリスの貴族層とフランスの貴族層の間に、深い恨みが生じた。そのため、このあとイギリスとフランスで国王のもとで民族国家がつくられていった。

「フランスとイギリスは別物」とする発想は、この時期につくられたものだ。その頃のイタリアでは小国が分立していたが、一四世紀のイタリアの諸都市にはルネサ

図31　11世紀末の神聖ローマ帝国

拙著『「地形」で読み解く世界史の謎』(PHP文庫)

ンスの新たな文化が広がっていった。

そしてイタリアルネサンスの最盛期にあたる一五世紀末にイタリア人が、このような主張を始めた。

「ギリシア・ローマ文化を受け継ぐイタリアは、スペイン、フランスなどの文化の遅れた国と異なる完結した世界である」

一方ドイツの神聖ローマ帝国は名目だけのものになり、ドイツの地は長期にわたって分裂状態にあった。こういった中でカトリック（旧教）とプロテスタント（新教）の対立をきっかけにドイツの三十年戦争（一六一八―四八年）が起きた。この混乱の中でフランス、イギリス、スウェーデンなどの軍勢が利権を求めてドイツに侵入したために、ドイツの国土は大いに荒廃した。

この恨みによって、「ドイツはフランスなどの周囲の国とは別物だ」という考えが広がった。この動きを受けてスペイン、ロシアなどヨーロッパの多くの国が、その領土の住民を囲い込み民族国家をつくっていった。

❖強国の対立からヨーロッパ統合に

一九世紀末にイタリアはサルジニア王国によって統一され、ドイツはプロシア王国のもとにまとめられた。ドイツに属していたオーストリアは、スラブ人の居住地などを取り込んで独自のやり方で勢力を拡大した。

イギリス、フランス、ドイツなどのヨーロッパの強国は、帝国主義の時代と呼ばれる一九世紀後半から二〇世紀はじめにかけての時期に、軍備を拡張して激しい勢力争いをした。かれらは世界をまたにかけて、植民地争奪戦をくり広げたのだ。

そして第一次世界大戦後のヨーロッパで、平和を求めて民族自決の動きがすすめられた。しかしヨーロッパに平和は訪れず、全体主義国家ドイツ、イタリアの野望によって第二次世界大戦が引き起こされた。この戦いのあとでヨーロッパ諸国は、恒久の平和を模索し始めた。

ヨーロッパは長期にわたって世界の先進地であったが、第二次世界大戦後には中世ヨーロッパ世界の外にあったアメリカとソ連が、自国の経済を大きく発展させて、世界の二大強国となっていった。

そのため民族国家がならび立つヨーロッパで、

「ヨーロッパは一つ」

とする発想が不死鳥のように甦（よみがえ）ってきたのだ。一九五八年には、フランス、西ドイツ、イタリア、オランダ、ベルギー、ルクセンブルクの六か国での経済協力のためのヨーロッパ経済共同体（ＥＥＣ）が発足した。

何度も戦ってきたフランス、ドイツ、イタリアの自由主義陣営の三つの大国がソ連に対抗するために手を握ったのである。これがさまざまな経緯を経て、ヨーロッパの多くの国を統合するＥＵに発展していった。ＥＵは、かつては社会主義陣営にあった東ヨーロッパの国々まで取り込んだ。

しかしギリシアの財政破綻をきっかけに、ＥＵの中の豊かな国と貧しい国の対立が高まっている。またEUが決めた、ヨーロッパ諸国への難民の受け入れに反発する声も根強い。

イギリス、フランスなどのヨーロッパの国々は、強い指導力をもつ者が、長い伝統をふまえた強い個性をもつ地域を寄せ集めてつくりあげた危ういものにすぎない。「一国単位でまとまろう」とする求心力を失った国は、簡単に崩壊してしまう。

近年の例を挙げるなら、旧ユーゴスラヴィアは多くの国に分裂し、チェコスロヴァキアはチェコとスロヴァキアに分裂した。次のような日本人的な発想は、ヨーロッパでは全く通用しない。

「日本人は、誰もが何が善で何が悪かをわきまえた似た考えをもつ国民であるから、よく話し合えば互いに理解し合える」

だからヨーロッパ諸国の指導者は、自国民に極端な一国単位の民族主義（ナショナリズム、国家主義）を植えつけて自己の地位を守ろうとする。しかしそれが行き過ぎると、ヒトラーのナチスドイツのような国になってしまう。ヨーロッパ流の民族主義は、実に危険なものだ。

ヨーロッパ諸国の指導者は、アメリカ、ソ連、日本などを経済面での仮想敵国と

図32　EU加盟国

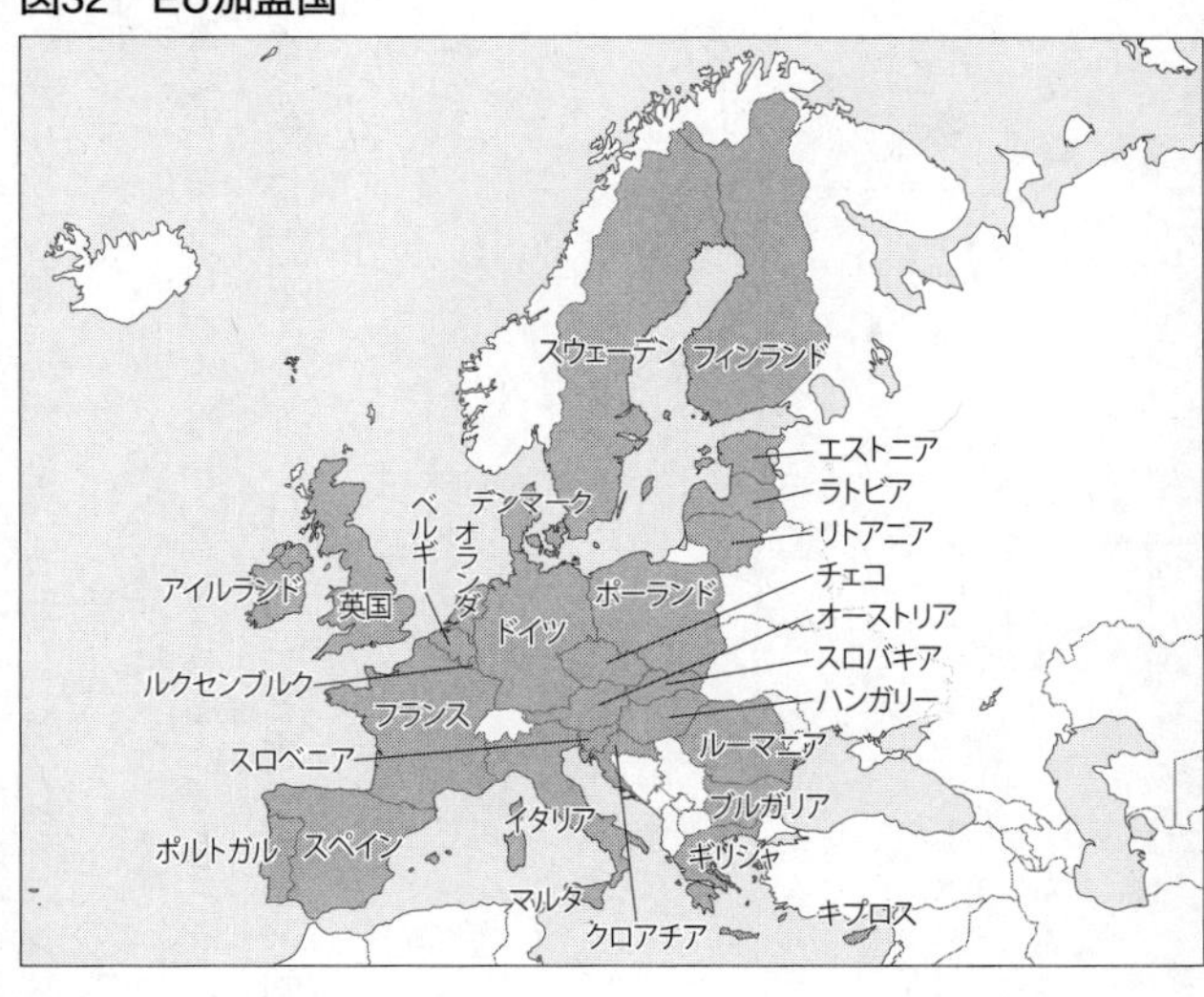

みて、「『ヨーロッパ人』として団結せよ」と唱えてきた。しかし民衆のＥＵへの反発が原因となって、イギリス、ドイツ、フランスなどで「一国単位の国家主義が望ましい」と主張する右派政党が拡大してきた。

この流れの中で行なわれたフランスの二〇一七年五月の大統領選挙では、ＥＵとの関係強化を主張するマクロン候補が、極右政党のルペン候補に勝利した。これが、ヨーロッパのＥＵ解体に向かう流れの歯止めとなるのであろうか。しかしフランスの右派政党も依然として強い勢力をもっている。

今後、ヨーロッパは一つになれるのであろうか。

次章では「ヨーロッパは一つ」とする発想と強い関わりをもつ、ヨーロッパの小国についてみていこう。

第九章

ルクセンブルク、モナコなどの小国はなぜ生き残れたのか?

❖ヨーロッパの国境の曖昧さが小国をつくった

第一章でも説明したようにヨーロッパの人々の国境に対する考え方は、私たち日本人の国境に対する発想と全く異なる。日本人は、「国境とは誰の目にも明らかなもので、その国境の内側に住むのが日本人である」と考える。日本が海に囲まれた島国だからそう考えるようになった、と説明されることも多い。しかしそれよりも日本列島に住む者が、日本独自の文化を共有してきたことの方が重要である。

ところがヨーロッパには、「イギリス固有の文化」、「フランス固有の文化」といった明確なものはない。ある程度の共通性はあっても、フランス文化とは、「強い個性をもつ地方文化の寄せ集め」にすぎない。

フランスの中にもドイツ風の要素の強い文化をもつ人々がおり、フランス人に近いドイツ人の集団もいる。ヨーロッパでは、国境を境に文化が全く変わることはほとんどない。ヨーロッパの国境は、国王などによって政治的につくられたものだからだ。

筆者が西ヨーロッパを旅行したときのことである。鉄道で別の国に行く場合、国境の近くで車掌にパスポートを見せるだけで隣りの国に行ける場合が多かった。車掌がパスポートを調べに来ないこともあった。

これは「ヨーロッパは一つ」という発想が現在まで生きていることからくるものらしい。国境とは人為的につくられたものにすぎず、ヨーロッパは一つのまとまった世界なのだ。ヨーロッパ人にとっては、「ヨーロッパ対非ヨーロッパの違い」、さらに「白人と非白人の違い」が国境より重要なのだろう。

これから紹介するような古い伝統をもつ小国の存在は、ヨーロッパの国境が権力者の都合で政治的につくられたものであることを雄弁に物語っている。

❖多くの小国が自立していた中世ヨーロッパ

現在のヨーロッパにはアンドラ、リヒテンシュタイン、ルクセンブルク、モナコ、サンマリノ、マルタ、キプロス、アイスランドといった小国がある。この中には、人口がわずか二、三万人台の国も含まれている。ローマ教皇領の流れをひくバチカン市国は、ローマ市内の〇・四平方キロメートルあまりを治めるだけの世界一小さな国だが、世界各国から立派な独立国として扱われている。

古代ヨーロッパには、ギリシアのポリスのような小規模な都市国家が多くみられた。古い時代には、ポリスのような都市国家がふつうの国であった。ローマ帝国は、当時のヨーロッパとオリエントの中心部分を統一したが、ゲルマン民族大移動のあとヨーロッパは分裂状態になった。

ヨーロッパ全体を治める国家がつくられないまま、多くの王領や諸侯の領地がならび立つ形となったのだ。その他に自立した司教区や修道院領もみられた。商工民の勢力が拡大すると、ベネチア、ミラノなどの中世都市国家も現われた。

ルネサンスの開始期に相当する一四世紀はじめのヨーロッパには、一〇〇〇前後の王領、諸侯の領地などの政治的に独立した集団があったと推測されている。

一方、フランス王国、イングランド王国、モスクワ大公国などの広い領地を支配した有力な国もあった。そして他方では、ドイツ（神聖ローマ帝国）、イタリアその他の地で、小勢力がならび立って競い合っていた。

図33　本章で取り上げるヨーロッパの小国

拙著『世界地図から歴史を読む方法』（河出書房新社）

❖民族国家の成長の中で消えていった小国

一六世紀はじめになっても、ヨーロッパには五〇〇ほどの政治的に独立した集団が残っていた。しかしそれから一〇〇年余りたって三十年戦争が終わった（一六四八年）あたりから、新たな動きが起こった。ヨーロッパの主要な国々の国王が諸侯の領地を取り込む形で、民族国家建設の動きが加速したのだ。

このあと自立した諸侯であった人々は、しだいに宮廷の貴族へと組織されていく。そのため、自立した小国の数は激減した。しかしそういった流れの中で、したたかに立ちまわって独立を保った諸侯もいた。かれらが、今日のヨーロッパの小国の君主になった場合も多い。

私は「ヨーロッパは一つ」という発想が根強く残っていたために、このような中世の独立した小国が現在まで残ることができたと考えている。ヨーロッパの小国は、自給自足しているわけではない。周辺の国々と経済的に緊密な関係を築いたうえで、政治的に自立しているのである。

❖中世の諸侯の領土を受け継いだルクセンブルク

ヨーロッパに、小国がいくつもかたまっている地域があるわけではない。ヨーロッパの小国の多くは、自国よりはるかに広い領土をもつ二国の間にあったり、有力な国に四方を囲まれた形で存在している。

これから、ヨーロッパの興味深い小国をいくつか紹介していこう。

ルクセンブルクは、フランスとドイツの二大勢力にはさまれた二・六平方キロメートル足らずの領土をもつ小国である。ルクセンブルクの北方のベルギーとオランダもドイツとフランスの間にある比較的小さな独立した国だが、この二国の領土は数万平方キロメートルもあり、ルクセンブルクよりはるかに広い。

このルクセンブルク大公国は、九六三年につくられた諸侯の領地の系譜をひいている。アルデンヌ伯爵が、ルクセンブルクの地の古代ローマの城跡に小さな要塞を築いて自立したのがその起こりである。

この時代には、アルデンヌ伯のような諸侯が治める小国はいくつもあった。その後アルデンヌ家は本拠の地名にちなんでルクセンブルク家と名乗り、一二世紀に大きく発展した。一四世紀以後、ルクセンブルク家から、四人の神聖ローマ帝国皇帝が選ばれた。

その頃のルクセンブルク家の領土は現在の五〇〇倍ほどもあったが、一五世紀なかばに、フランスのブルゴーニュ公爵家に従うことになった。ここまでの経緯をみると、ルクセンブルクはドイツ（神聖ローマ帝国）に属すようにもフランスに属すようにもみえてくる。

このあとルクセンブルク家は、スペイン王ついでフランス王、オーストリア王の支配下におかれるようになった。さらに三十年戦争（一六一八—四八年）のあと、ルクセンブルク領の大部分が、オランダとプロシアに割譲された。小勢力となってしまったルクセンブルクは、ナポレオン戦争の最中の一七九五年にフランスに併合された。

しかしルクセンブルク大公家は、小国ながら自立を保つことを望んだ。そのため一八六七年にヨーロッパの大国が集まった会議で、ルクセンブルクの独立とその永世中立が認められることになった。

しかしルクセンブルクの苦難は、その後も続いた。第一次世界大戦のときにも、第二次世界大戦のときにも、ルクセンブルクはドイツ軍に占領されたのだ。しかし二度の大戦はいずれもドイツの敗北におわり、戦争のあと解放されたルクセンブルクは現在まで、小国ながら独立を保っている。

❖巧みな外交策で生き残ったモナコ

地中海沿いのモナコはヨーロッパを代表するリゾート地として知られるが、そこは周囲をフランスに囲まれた面積二平方キロメートルほどの小国である。この国の公用語はフランス語である。

フランスの一部になっている方が自然なように思われる国だが、中世の自立した諸侯の流れをひくモナコ公国は、強い自立心をもっている。モナコは一二九七年にイタリアのジェノバの貴族グリマルディ家がモナコの地を支配したことに始まる国である。

モナコは有力な都市国家であったジェノバの圧力を受け続け、つねにジェノバに併合される危機にさらされていた。そこでモナコは一四九八年にフランスのシャルル八世の保護を求め、フランスから独立の承認を得ることに成功した。

このあとモナコは巧みに大国間を泳ぎわたり、現在まで独立を保ち続けている。一六世紀にフランスとモナコの関係が悪化すると、モナコはスペイン王カルロス一世に接近して、スペイン軍を自国に迎えて自治権をもつスペインの属領となった。

このスペインは、一七世紀にイギリスとの勢力争いに敗れて大きく勢力を後退させた。するとモナコはスペインを見放し、急速に国内の支配を整備していたフランスのルイ一三世と条約を結んだ。

これによって一六四一年から、フランス軍がスペイン軍に代わってモナコを守ることになったのだ。イタリアでサルジニア王国が急成長したときにモナコは一時期サルジニアの保護下に入っていたが、一八六一年になるとフランスと新たな条約を締結した。

この条約でフランス保護下の独立した君主国とされたモナコは、そのまま独立を保ち現在にいたっている。

❖ドイツの複雑な歴史に飲み込まれなかったリヒテンシュタイン

アルプス山麓の、スイスとオーストリアにはさまれた地にあるリヒテンシュタイン公国は、面積一六〇平方キロメートルほどの小国である。

この国はリヒテンシュタイン家のヨハン・アンドレアスが神聖ローマ帝国の中のシュレンベルグ男爵領とファドゥーツ伯爵領の二つの諸侯の領地二つを合わせて、新たにつくったものである。リヒテンシュタイン家は、一七一九年に神聖ローマ帝国皇帝を務めるオーストリアのハプスブルク家から自治権を認められて、リヒテンシュタイン公国を正式に発足させた。

リヒテンシュタインの地はナポレオン戦争でフランス軍に占領されたが、領主のリヒテンシュタイン家は、ナポレオンに接近して自国の独立を認めてもらった。一八〇五年のフランスとオーストリアとの戦争の際に、リヒテンシュタイン家のヨハン一世がオーストリアの特使となり、うまくフランスとの講和をまとめた功績が評価されたのである。

ドイツの地を軍事的に征圧したナポレオンは、一八〇六年に神聖ローマ帝国の解体を宣言した。これによって、かつて神聖ローマ帝国内にあった小国の多くが消えていった。しかしリヒテンシュタインは、独立を許された。

その後一八七一年にプロシアが、ドイツを統一した。このときオーストリアはドイツと別の国となり、スイスはドイツから自立した永世中立国の地位を保った。そのためオーストリアとスイスの間にあるリヒテンシュタインはこのときドイツに併合されずに済んだのだ。

リヒテンシュタインは、アルプス山脈の中にある国である。その国が独立を保った理由の一つに、周囲の強国が、

「リヒテンシュタインの地を得ても大した利益にならない」

と考えた点もある。リヒテンシュタインは、第一次世界大戦と第二次世界大戦のときに戦略上の必要からドイツに併合されたが、終戦後に解放された。

そのためリヒテンシュタインは、神聖ローマ帝国の諸侯のただ一つの生き残りと

して現在まで続くことになったのである。現在リヒテンシュタインは政治面では独立しているが、軍事、外交、通貨を隣国のスイスに委ねている。

ヨーロッパ近代化の動きの中における小国

私たち日本人は、同じ民族がまとまって一つの国をつくるのが自然だと考えているだろう。ヨーロッパ世界では一九世紀後半のイタリアとドイツの統一によって、ひとまずイギリス、フランス、ドイツ、イタリアという強大な民族国家がならび立つことになった。

しかし、これまで述べてきたように、同一民族の有力な国家に併合されずに残った小国もいくつかあった。

ヨーロッパ世界では、小勢力が自立することを強く望めば、その独立が許されることもある。

サルジニア王国はイタリアを統一する中で、一八七〇年にローマに軍勢を送りローマ教皇領を併合した。しかし教皇は新たに発足したイタリア王国に従うのを潔しとせず、ローマ市内にいてイタリアと対立し続けた。

このときカトリックを信仰する世界の国々がローマ教皇を支援したため、イタリアは強引にローマ教皇庁の政治上の諸権利を奪うわけにいかなかった。この対立は五〇年以上続き、一九二九年のラテラノ条約の締結によって、ようやくイタリアと教皇庁の和解がなった。

ローマ市内のバチカン市国の主権が認められ、ローマ教皇は世界一小さな独立国であるバチカン市国の元首となったのである。現在バチカン市国は、世界中のカトリック教会から情報を集める世界一の情報機関として、国家間のさまざまな紛争の調停に尽くしている。

これまで説明したように、ヨーロッパ世界では「ヨーロッパは一つ」とする発想が強く、ヨーロッパの小国はその特別な世界の一部であるという条件のもとで自立しているのだ。

次章ではヨーロッパ世界と深いつながりをもつ、中南米やオセアニアの小国をみていこう。

第十章

中南米にヨーロッパ諸国の飛び地が残っているのはなぜか？

❖中南米やオセアニアを飲み込んだヨーロッパ世界

近年、カリブ海にあるケイマン諸島が、何度か日本のマスコミの話題になった。ケイマン諸島が免税（タックスヘイヴン）の方針をとっているので、そこに金融機関の資産運用会社やSPC（特別目的会社）が多くつくられている。そのため租税回避やマネーロンダリング（資金の洗浄）がケイマン諸島で行なわれているのではないかという噂が、しばしば流れている。

ケイマン諸島は、西インド諸島のジャマイカの近くに位置する国である。三つの島から成る総面積二五九平方キロメートルの地域で、人口は五万人ほどであるが、そこはいまでもイギリスの海外領土とされている。

このケイマン諸島は、完全な自治権をもっている。カリブ海にはこのようなヨーロッパの強国の海外領土がいくつかみられるうえに、独立した小国も多い。

前章でヨーロッパの小国について説明したが、カリブ海の小国ができた背景には、ヨーロッパに小国が残った理由に似た理由がみられる。カリブ海のヨーロッパ諸国の領土や小国は、現在までかつてのヨーロッパの宗主国（植民地として支配し

図34　1763年のカリブ海

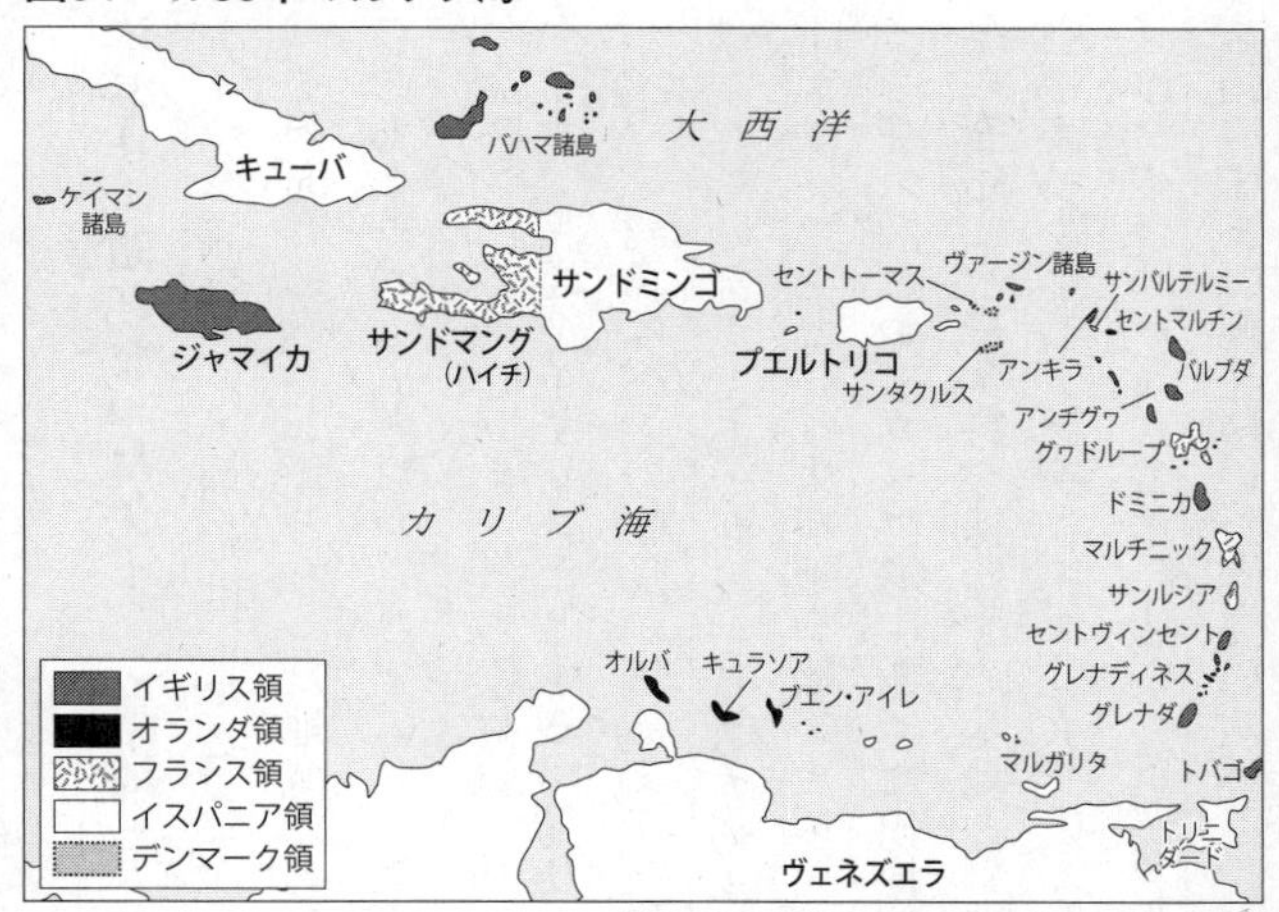

『標準世界史地図』（吉川弘文館）を参考に作成

た国）と政治的にも経済的にも、切っても切り離せない関係にある場合が多い。

将来カリブ海の小国がかつての宗主国から完全に自立して独自の道をすすむことは、まず起こり得ないであろう。

ケイマン諸島のことを理解するには、北米、中米、南米の全域を、広い意味での「ヨーロッパ世界の一部」とする発想が必要である。中南米の小国もオセアニアに多くみられる小国も、広い「ヨーロッパ世界」の一部であることによって、その自立を認められているのである。

❖イギリス領となったケイマン諸島

ケイマン諸島とその周辺は、コロンブスの航海のときにヨーロッパ人に発見され、そのあとスペイン領となった地域である。

このあと一六五五年にウィリアム・ペン率いるイギリス海軍がスペイン領であったジャマイカを奪った。そして一六七〇年にイギリスとスペインの間でジャマイカやケイマン諸島をイギリス領とするマドリード条約が結ばれた。

ケイマン諸島はペンの艦隊が来るまで、無人島であった。つまりそこの最初の住民は、ペンの部下であったイギリス人のボーデンたちであった。このあとかれは、ボーデンタウンという入植地を築いた。

イギリスにとってカリブ海にあった領地は、アメリカ各地や太平洋方面に向かう軍艦や商船に水や食料を補給する基地として重要視された。またカリブ海にある植民地では、砂糖きびが栽培され、イギリス本国に大量の砂糖が送られた。

ジャマイカは一九六二年に独立したが、ケイマン諸島はジャマイカから離れイギリス領のままで現在にいたっている。

❖カリブ海のイギリス系の小国

カリブ海には、人口一〇〇万人に満たない小国がいくつもみられる。その中の一〇国がイギリスの植民地であった国で、その中の八か国は、いずれもイギリスのエリザベス二世を国家元首とする立憲君主制の国になっている。

イギリス系の小国の中のガイアナとドミニカだけが、イギリスから政治的に完全に自立した立憲共和制の国になっている。

ガイアナは、南アメリカの北岸のカリブ海に面した国である。この東側に旧オランダ領のスリナムという小国がある。

さらにその東側には、フランス領ギアナがある。一六六七年にブレダ条約が結ばれてかつて「ギアナ」と総称されたこの二つの国と一つのフランス領からなる地が、オランダ、イギリス、フランスの植民地に分割されたのだ。

現在カリブ海の小国がみられる地域はいずれも、かつて大農場経営（プランテーション）による砂糖きび栽培が栄えた地域である。

大農場の働き手として、黒人の労働者がアフリカから大量に移住してきた。その

図35　1660年頃の南米のオランダ植民地

『標準世界史地図』(吉川弘文館)を参考に作成

ためカリブ海のあたりには、黒人の血をひく者が住民の多数を占める小国が多い。

カリブ海の小国がある地域は、砂糖貿易によってヨーロッパ諸国と切っても切り離せない関係を築いてきたところで、そこは現在でもヨーロッパの経済と密接につながっている。

❖スペインの植民地より新しく開発されたフランス領ギアナ

フランス領ギアナのあたりでは、一六世紀末頃までさまざまなアメリカ先住民族が昔ながらの生活をしていた。そういった中で、フランス王アンリ四世の命でギアナの開発が始まり、王の命を受けたフランス人のラヴァルディエールが、一六〇四年にギアナ港を建設してアマゾンの調査を行なった。

アンリ四世は、ブルボン朝をひらいた国王である。フランスはブルボン朝の成立をきっかけに急速に発展し、先行したスペイン、ポルトガル、オランダ、イギリスを追いかける形で植民地経営に乗り出していた。

しかしフランス人の本格的な定住が始まるのは、一六六四年になってからである。この三年後に、ギアナを三分割するブレダ条約が結ばれている。

仏領ギアナは、南米におけるフランス唯一の植民地として、軍艦や商船に水や食料を供給する重要な基地となってきた。しかし仏領ギアナの開拓は、フランス政府の思うようにすすまなかった。そのためフランス革命（一七八九年）のあと、政府は仏領ギアナをフランスの流刑地にしてフランス人を送り込む策を打ち出した。

このあと二〇世紀なかばまで政治犯などがこの地に送られたために仏領ギアナは、「呪われた土地」などと呼ばれた。しかし一九世紀後半にこの地から黄金が出たことをきっかけに、ようやく仏領ギアナの経済は安定した。

フランスは第二次世界大戦後の一九四六年に、仏領ギアナを植民地から海外県に変更した。仏領ギアナはそのあと現在まで、フランスの飛び地の形となっている。

❖オランダの世界帝国の名残りアルバ

オランダの海外領のアルバは、ベネズエラ沖に浮かぶ島である。オランダは、一七世紀なかばに世界に雄飛した。その頃ヨーロッパでは、スペインやポルトガルの勢力が後退しており、オランダ商船は南北アメリカやアジアの各地で盛んに活躍した。

スペイン人がアルバに到達していたが、本格的経営は行なわれていなかった。そのためオランダは、一六三六年にアルバを自国の植民地とし、そのことをスペインに承認させた。

ナポレオン戦争の最中の一八〇五年にイギリスがアルバを支配したことはあるが、一八一六年にオランダに返還されて再びオランダ領となった。二〇世紀前半になってアメリカ系企業がアルバに原油積み替え施設と製油所を建設したことをきっかけに経済的に発展してきた。

アルバは現在、高度な自治が認められたオランダの海外領となっているが、アルバに自前の軍隊はなく、オランダ軍がアルバの警備にあたっている。

❖白人優位の中南米とオセアニア

世界の小国の半数以上が、カリブ海の島国と太平洋に浮かぶ島々（オセアニア）につくられた島国になる。オセアニアには、フィジー、キリバス、マーシャル諸島、ナウル、パラオ、サモア、トンガ、ツバル、ソロモン諸島、バヌアツ、ミクロネシア連邦、クック諸島などの多くの小国がある。

オセアニアで比較的広い領土をもつ国は、一つの大陸を治めるオーストラリアと二つの大きな島を中心としたニュージーランド、それにニューギニアの東半分を領土にするパプアニューギニアの三国だけにすぎない。

ニューギニアの西半分はインドネシアの一部であり、東南アジアに属する地域として扱われている。つまりオセアニアを構成する国々の大部分が、小さな島国なのである。

ヨーロッパ人に発見される前のオセアニアの島々では、昔ながらの生活をする先住民の国家がつくられていた。しかし一九世紀末に欧米の強国の太平洋分割が加速し、オセアニアの島々は次々に植民地となっていった。

オーストラリアは一八世紀後半に既にイギリス領になっていたが、一九世紀なかばの金鉱の発見をきっかけに発展が始まった。それと共にイギリスはオーストラリアに近いニュージーランド、ニューギニア東部、ボルネオ北部やその近くの島々に進出し、そこを植民地にした。

これを追う形でドイツは一九世紀末にビスマルク諸島やミクロネシア（現在のミクロネシア連邦とパラオ）を植民地にした。またアメリカは一八九八年の米西戦争に勝利してスペインからフィリピンとグアム島を獲得し、同じ一八九八年に先住民がつくったカメハメハ王朝が治めたハワイ王国を併合した。

それ以外のオセアニアの島々も、二〇世紀はじめまでにイギリス、フランス、アメリカに分割された。日本が第一次世界大戦後に、ドイツから奪って委任統治領としたミクロネシアの島々を「南洋諸島」と名付けて、治めていた時代もある。そこの島々は、太平洋戦争後にアメリカの委任統治領となったのちに独立した。

植民地時代のオセアニアの島々は特定の農産物や鉱産物の供給地として、その宗主国の経済と密接につながってきた。経済的にヨーロッパと切っても切り離せないオセアニアであったが、これらの島々は一九六〇年代から一九八〇年代にかけて

図36　太平洋の分割

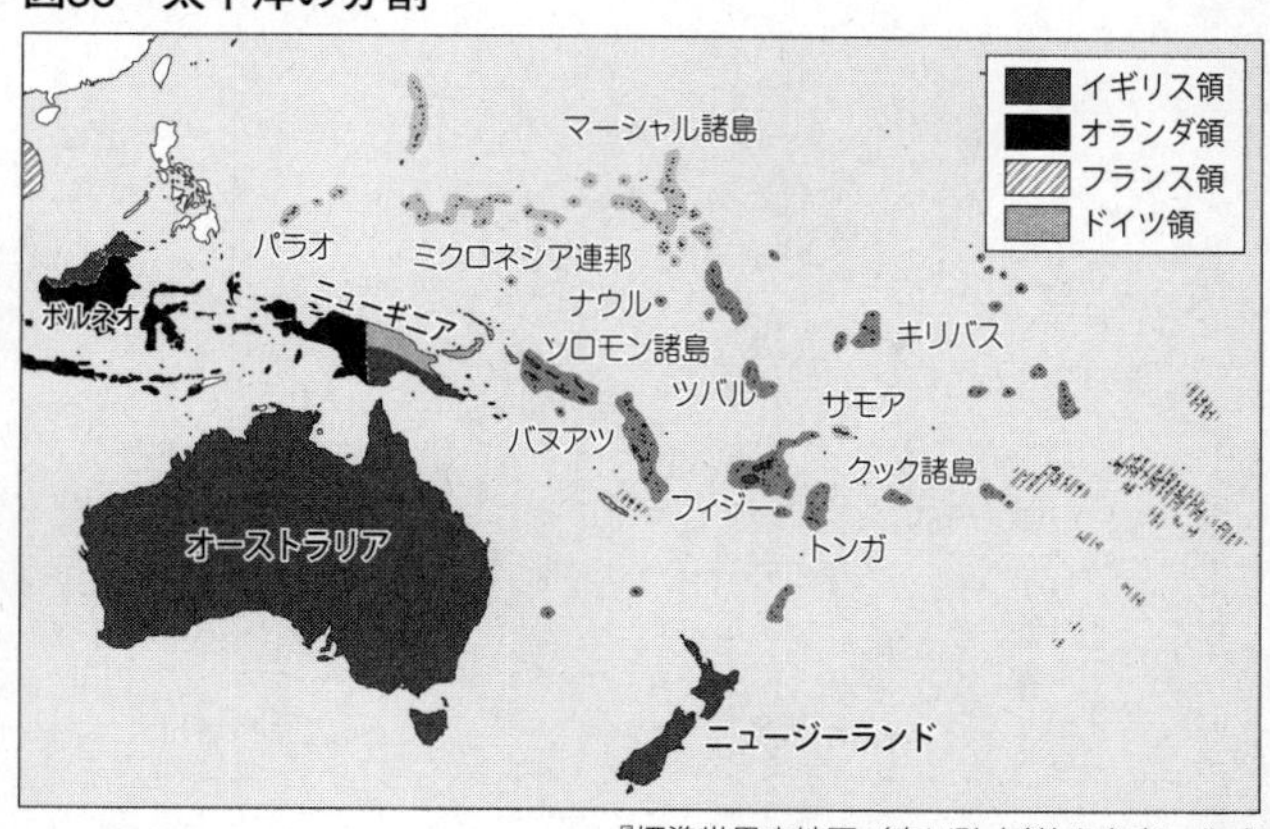

『標準世界史地図』（吉川弘文館）を参考に作成

次々に独立した。

　しかしそのような島国の多くが、白人主導の経済のまま、かつての宗主国と深い関係を保っている。オセアニアの小国も旧宗主国の保護下にあることで広い意味のヨーロッパ世界に属しているのだ。オセアニアの小国は、ヨーロッパや中南米の小国と同じくヨーロッパ世界の一員とされることで、その独立を保っていると評価できる。

　次章では、もとはヨーロッパ世界の一員でありながら、独自の政治、文化を築いた北アメリカの国々をみていこう。

第十一章

アメリカがメキシコとの国境の壁にこだわるのはなぜか？

❖カナダ、アメリカ、メキシコ三国の近くて遠い関係

中南米にはいくつもの国々があるが、広大な北米には、アメリカ（アメリカ合衆国）とカナダの二つの国がみられるだけである。また中米の北部から中部にかけては、アメリカと境界を接する比較的広い領土をもつメキシコがある。

遠方の日本人の目からみれば、カナダ、アメリカ、メキシコの三国は、経済的に強いつながりをもつ親しい国であるように思える。

しかしごく最近になって、その三国の対立点が、日本でさかんに報道されるようになった。そのきっかけとなったのが、ジャーナリストたちから非難を浴びた共和党のトランプ候補が二〇一六年のアメリカ大統領選挙で、勝利したという衝撃的な事実である。大統領となったトランプ氏は、二〇一七年にかれが主張してきたさまざまな政策を実行に移そうとしている。

トランプ大統領は、「メキシコとの国境に壁をつくる」と公約していた。確かに国境を越えてきたメキシコからの不法移民や、メキシコ人の密輸に迷惑しているアメリカ人はかなりいた。

アメリカとメキシコは、地続きの国である。天然の河川や人工的にひかれた国境線が、二つの国を分けているのだ。不法移民や密輸が目立つカリフォルニア寄りの地域には、トランプ政権以前にも、コンクリート塀や鉄や木の柵がつくられていた。アメリカ警察による国境警備も、なされてきた。

しかしトランプ大統領はそれだけでは飽き足らず二〇一七年になって、

「国境線に容易に越えられない堅固な高い壁を建設していく」

と発表した。それと共にかれは、

「イスラム教徒の不法移民を、すべて強制送還してアメリカから排除する」

という政策を打ち出した。

そのためこれを知ったアラブ系の労働者が、大量にカナダに向かった。これは不法な越境になるので、アメリカ官憲にみつかれば逮捕される。それでも多くの人間が続々とカナダに入国し、カナダ政府は「移民を保護する」と宣言した。アメリカにいるときは不法移民としてさまざまな権利から疎外されていたアラブ人労働者がカナダで居住権を与えられ、まっとうな仕事につく機会を得たのである。

そもそもカナダ、アメリカ、メキシコの三国の反目の理由を知るには、アメリカ開拓の時代までさかのぼらなければならない。

❖北アメリカの開拓が始まる

アメリカもカナダも、イギリス人が興した国である。しかしこのあと説明するようにこの二つの国は、全く異なる歴史を辿ってきた。北アメリカではイギリス系の人々が主導する国づくりが行なわれてきたのだが、アメリカにもカナダにもフランス開拓者の流れをひく人がかなりいる。

現在でもフランス系住民の多いカナダのケベック州でカナダ政府から自立したフランス系の国をつくろうとする運動もみられる。

これはイギリスが、フランスと競い合って開拓していた北アメリカを、強引にイギリスの植民地にした経緯からくるものであった。

またかつてスペイン領であったフロリダやカリフォルニア、テキサスなども、一九世紀にアメリカに組み込まれた。そのためカリフォルニア方面には、スペイン領時代のメキシコの住民であった人々の子孫もいる。

次章で説明するようにコロンブスがアメリカに到達（一四九二年）したあと、一六世紀はじめから、スペイン人は中南米の各地に意欲的に進出した。一五〇〇年にポルトガルのカブラルが、ブラジルに漂着した。そしてこれをきっかけに、一六世紀に南米に移住したスペイン人やポルトガル人は、鉱山や大農場の経営によって多くの富を得た。

一方、北アメリカは、ヨーロッパ人にとってほとんど未知の世界であった。ヨーロッパ人が北アメリカに関心をもつようになったのは、一六世紀なかば以後のことである。

まずスペインが温暖なメキシコ湾沿岸にある北アメリカのフロリダに注目した。スペインは一五五五年に一五〇〇人ほどの植民者を送りこんだが、そのときのフロリダ開発は、失敗に終わった。しかしこのあとフランスがフロリダに砦をおいて植民地を設けたため、スペインも再びフロリダに進出した。そのためフロリダで、フランスとスペインの抗争が続くことになった。

一七世紀に入ったあたりから、イギリス、フランス、オランダなどによる北アメリカへの本格的な植民が始まった。一六〇七年にイギリスのヴァージニア植民地が成立し、一六〇八年にはカナダにフランスのケベック植民地が建設されたのである。

これに遅れる形でオランダは一六〇九年に現在のニューヨークに到達し、そこにニューアムステルダム植民地を開発した。このニューアムステルダムは、一六六四年になってイギリス領に組み込まれた。イギリス・オランダ戦争（一六五二―七四年）の最中に、イギリス軍がニューアムステルダムを占領したためである。

その頃スペインは、勢力をメキシコから北方に拡大し、一六一〇年に現在のアメリカニューメキシコ州にサンタ・フェの町を築いた。

当時の北アメリカの大部分は、アメリカ先住民の居住地域であったが、ヨーロッパの強国は一七世紀に北アメリカの自国の勢力圏をしだいに広めていった。

❖イギリスとフランスの植民地争奪戦

イギリスは太西洋沿岸に勢力を拡大し、ヨーロッパの一国なみの広さをもつ個別の植民地をつくっていった。そのため一八世紀なかばになると、現在のアメリカの大西洋沿岸の一三州の前身にあたる植民地が出そろった。「その頃のイギリス系住民の人口が、約一一七万人であった」という推計がある。

これに対してフランスは、ケベック州の西方のカナダ内陸部に勢力を広げていた。さらにフランスは、一七一八年にメキシコ湾沿岸のミシシッピ川の河口の近くに、ヌーヴェル・オルレアンというフランス植民者の町を建設した。これは、現在のニューオーリンズである。

このあとフランスはミシシッピ川東岸の流域に、植民地を広げていった。そのためケベックと五大湖周辺、ミシシッピ川流域をつなぐフランスの植民地が、イギリス植民地を大きく取り囲む形がつくられていった。

イギリスは、この形勢に危機感をもつようになる。イギリスの植民地の住民の大部分は、小さな農地を経営する農民と商工民から成っていた。ただメキシコ湾沿岸などの温暖なイギリス植民地に限っては、対岸のスペイン植民地のような大規模な農場の経営が行なわれた。

この時点で、イギリス植民地はフランス植民地より経済的に発展しており、人口も多かった。こういった情況のもとで、北アメリカの植民地をめぐるイギリスとフランスの大きな戦争が四回行なわれた。

一七世紀末から一八世紀なかばのヨーロッパでは、イギリス対フランスの戦争が何度も起きた。この時期にイギリスとフランスが西ヨーロッパの覇権を争っていたからだ。イギリスとフランスはヨーロッパ諸国の王家に何らかの紛争が起こるたびに、互いに自国の味方となる国々を糾合して大掛かりな戦いを繰り広げた。そしてヨーロッパでイギリスとフランスの戦争が行なわれるたびに、北アメリカのイギリス人とフランス人が戦った。

まずヨーロッパのファルツ継承戦争が、北米に飛び火してウィリアム王戦争（一六八九―九七年）を起こした。このあと北アメリカでアン女王戦争（一七〇二―一三年）、ジョージ王戦争（一七四四―四八年）、フレンチ・インディアン戦争（一七五五―六三年）という三回の長期にわたる戦争が起こる。

アメリカのイギリス系住民とフランス系住民は、互いにアメリカ先住民の集団をいくつか自国の側に取り込んで戦った。アン女王戦争のあとイギリスは、フランス領であったカナダのニューファンドランドやノバスコシアを獲得した。

またフレンチ・インディアン戦争のときにイギリスは、フランス領であったミシシッピ川以東の地を自領に組み込んだ。これによって、北アメリカでフランスが開発した植民地はほとんどすべてイギリス領にされたのである。西方に広大なスペイン領はあったが、その人口は僅かであった。

❖アメリカの独立と発展

フレンチ・インディアン戦争のあと北アメリカの中心部はほとんどイギリス領となったが、まもなく一三の植民地の人々のイギリス政府に対する反感が高まっていった。イギリス本国は、それまで北アメリカを自国の植民地と考え、イギリスの都合にあわせた支配を行なっていた。特にイギリスで産業革命がなされたあとのアメリカは、イギリスに都合のよい工業製品の市場として扱われてきた。しかし一八世紀末になるとアメリカ北部の工業も発展し、アメリカの経済的な自立が可能になった。しかもイギリスから独立すると、アメリカの商品を、イギリス以外のヨーロッパの国に売り込める。

そのためアメリカの一三の植民地は団結しイギリスからの独立を求めて、イギリス本国に独立戦争を仕掛けた（一七七五―一七八一年）。そしてこの戦争がアメリカの勝利に終わったあと、パリ条約（一七八三年）が結ばれた。これによってイギリスはアメリカの独立を認め、五大湖地方より南方の北米イギリス領をアメリカに割譲することになったのだ。西洋史の研究者はこの事件を「アメリカ独立革命」と呼んでいる。

このとき新たにアメリカ領となった地域は、人口が少ないフロンティアと呼ばれるところだったが、アメリカの人々はそこに次々に移住していき、フロンティアを開発していった。

ミシシッピ川以西のルイジアナの地は、アメリカ独立のときには、まだスペイン領であった。このあとフランスのナポレオンが、スペインを従えてルイジアナをフランス領に組み入れた（一八〇〇年）が、アメリカは一八〇三年にルイジアナをナポレオンから買収した。

その頃ヨーロッパでは、フランスとイギリスがナポレオン戦争で長期にわたって戦っていた。そのためナポレオンは、フランス人の住民がほとんどいないルイジアナが強大な海軍をもつイギリスに征服されるのを恐れたのである。かれは、敵国イギリスに奪われるよりフランスに好意的なアメリカのものになるほうがましだと考えたのだ。

このあとアメリカ人は、ルイジアナを開拓し、その勢力圏を西方に広げていった。この間アメリカは、一八一九年にスペイン領であったフロリダを買収して、現

図37　アメリカのイギリス領の拡大

『詳説　世界史図録』(山川出版社)を参考に作成

在のアメリカの東半分ほどを手中にした。残りはスペインの勢力圏であったが、一八二一年のメキシコの独立のあとは、メキシコの勢力圏となっていった。

❖メキシコから広大な土地を奪ったアメリカ

テキサスやカリフォルニアは、メキシコの中心地から大きく離れており、人口もまばらだった。そこでメキシコ独立後まもない一八二三年に、メキシコ政府は東隣りのルイジアナ方面からアメリカ人移民を招いてテキサスを開発する計画を打ち出した。これによって多くのアメリカ人開拓者がテキサスに移住してきたが、かれらは一八三六年にメキシコからの独立を宣言してテキサス共和国を建設した。

テキサス共和国はこのあとアメリカと合併したが、そのことにメキシコが抗議したためにアメリカ・メキシコ戦争（一八四六―四八年）が勃発する。

この戦いに勝利したアメリカは、カリフォルニアなどを得て、その領土を太平洋沿岸にまで広げた。この戦争が終わる直前の一八四八年一月に、カリフォルニアで金鉱が発見され、一九世紀末にアメリカは西部開拓の時代を迎えた。

現在、テキサス州から、ニューメキシコ州、アリゾナ州、カリフォルニア州の南の線が、アメリカとメキシコの間の国境となっている。メキシコの側から見れば、その北方は「アメリカに奪われた土地」ということになるのだろう。

アメリカ領となる前のカリフォルニアには、メキシコ人はほとんどいなかった。しかしゴールドラッシュのあとでカリフォルニアの開発が始まると、そこに移住するメキシコ人が次々に現われた。

アメリカは一九世紀末から二〇世紀はじめにかけて、ヨーロッパなどから多くの移民を受け入れて経済的に急成長していった。この時期にアメリカに移住してきたメキシコ系の住民は、アメリカの貴重な労働力となったのだ。

現在のロスアンゼルスなどのカリフォルニアの都市には、メキシコ系の住民が多くいる。しかし近年になってアメリカは、経済の再編のために国を閉ざし始めた。

❖カナダの独立とアメリカ

カナダの国土面積は九九八万平方キロメートル余りで、九六二万平方キロメートル余りのアメリカより少しだけ広い。

しかしカナダの人口は、アメリカの約九分の一にすぎない。カナダの人口が三五

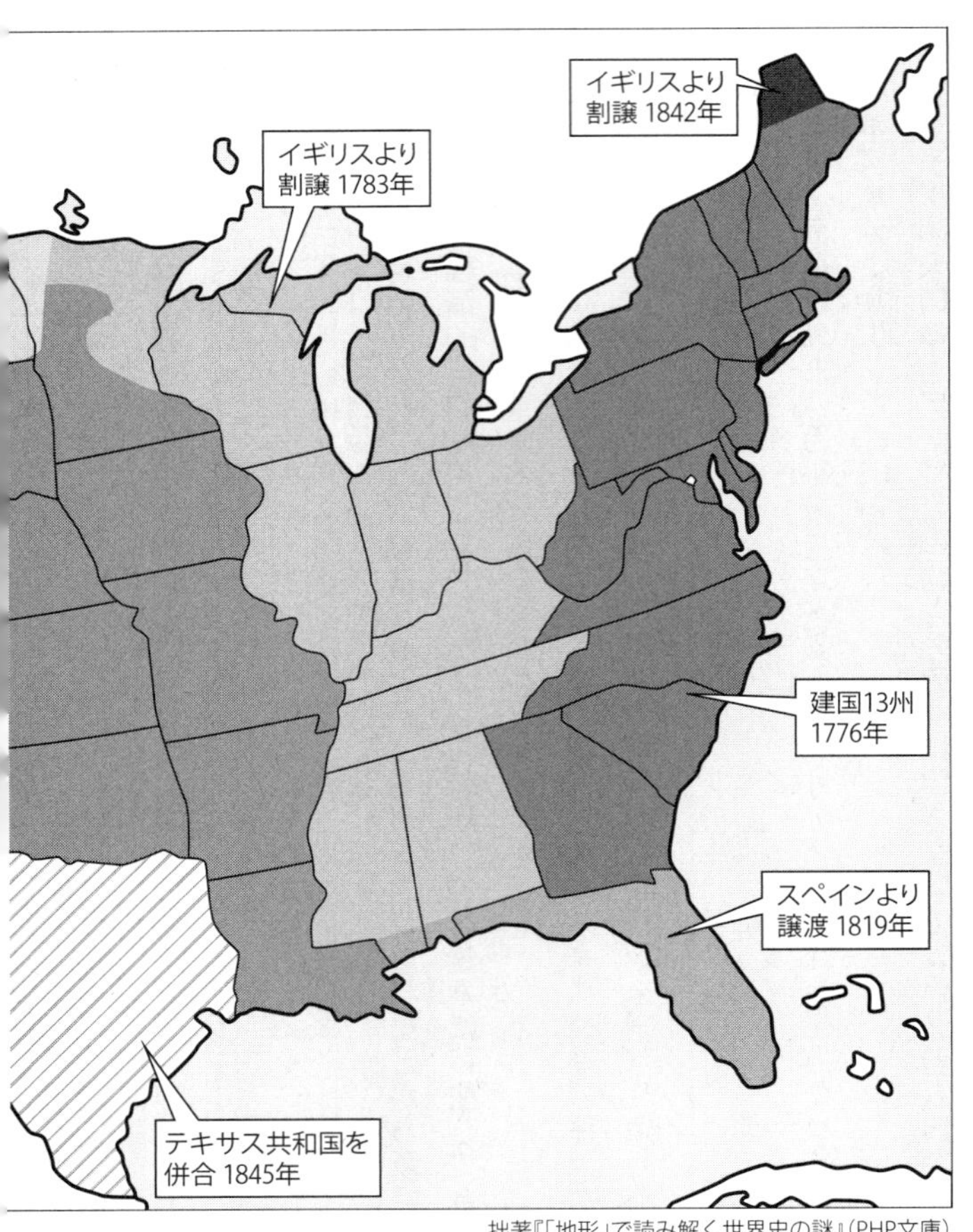

拙著『「地形」で読み解く世界史の謎』(PHP文庫)

図38　独立後のアメリカの拡大

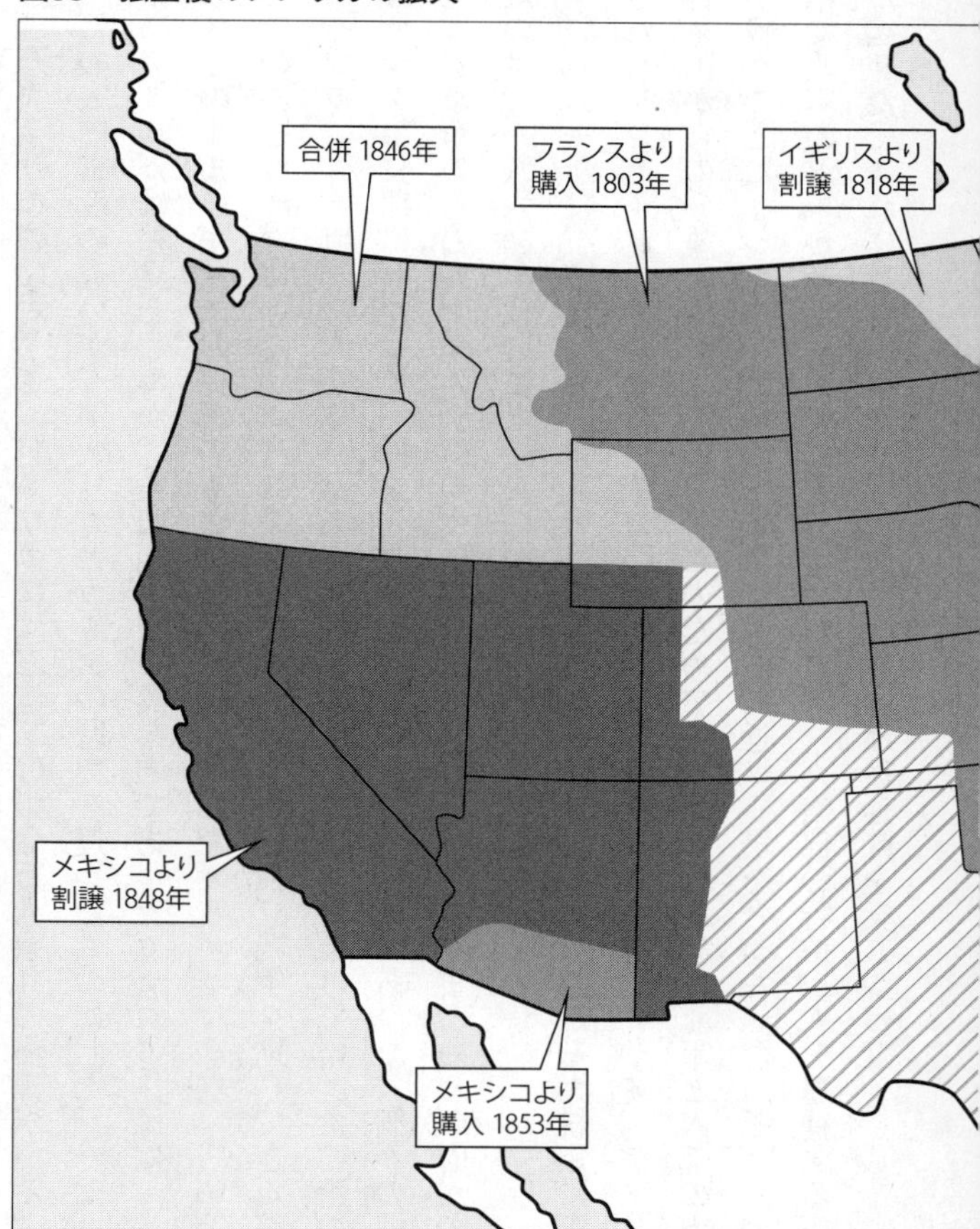

〇〇万人余りなのに対して、アメリカには三億二〇〇〇万人余りの住民がいる。

この人口密度の違いが、アメリカとカナダの歴史を違ったものにした。一七八三年にアメリカは独立をしたが、人口の少ない農業国であったカナダの住民は、イギリス領のままイギリスの保護のもとに留まる道を選んだ。

このあとカナダにいたイギリス系住民は、アメリカの独立戦争を逃れてきた移住者やフランス系カナダ人を取り込んで、独自の文化をつくり上げていった。そのためカナダは長期にわたって、独立した植民地の集合体のままであった。個々の植民地は、概ねのちのカナダの一つの州に相当する。カナダ全体をまとめる政府ができたのは、一八六〇年代のことである。

一八六一年に、アメリカで南北戦争が始まった。アメリカ北部から大統領に選出されたリンカーンに不満をもつ南部諸州が、アメリカ連合軍をつくって、アメリカ合衆国からの分離を敢行したのだ。このためアメリカでは北部の北軍と南部の南軍が戦うことになったこのときイギリスは南部に近い立場をとっていた。そういった中で北軍の海軍がイギリス船に乗っていたアメリカ南部の特使二人を逮捕する事件が起きた。これに対してイギリスは北部政府に最後通牒を突きつけた。

図39　発足時のカナダ自治領

『標準世界史地図』（吉川弘文館）を参考に作成

北部の過激派はこれを知って、「イギリスは敵だ。だからイギリス領のカナダを奪え」と唱えた。そこで一八六二年以後に北部の北軍がカナダに侵攻する可能性が出てきた。

カナダの植民地の人々はこれに対して、「団結してアメリカの侵攻に備えなければならない」と考えるようになった。そのため、一八六四年にイギリス系の五つの植民地の代表が集まってケベック会議を開き、カナダ植民地を一つにまとめていく方針を打ち出した。そしてイギリス本国はこの会議からまもない一八六七年に、カナダの植民地を合わせて「カナダ自治領」にすると発表した。

これは、大英帝国において最初の自治領であった。このときのカナダ自治領の範囲は、現在のオンタリア州より東方のみである。しかもオンタリオ州とケベック州の北方の辺地は、まだカナダの外にあった。発足時のカナダの領土は、アメリカ領よりはるかに狭かった。そのためカナダは隣りの大国アメリカの圧力を恐れ、おおむね親イギリス、反アメリカの立場をとり続けた。

カナダは一九世紀に入った頃から経済発展を始め、意欲的に西方を開発していった。そのため二〇世紀はじめに、太平洋沿岸までを領土とする現在のような広大なカナダが出現した。一九四九年には英領ニューファンドランドがカナダに加わった。

一九世紀末以後にアメリカの経済が発展する中でカナダは、アメリカとのつながりを強めていった。しかし近年になって、またアメリカ独立時以来のアメリカとカナダの立ち位置の違いが表面化してきたのだろう。

カナダ、アメリカ、メキシコの三国は、互いに深い関わりをもちながらも、本質的には別々の世界なのである。しかしこの三つの国は、広い意味でのヨーロッパ世界の一員として、ヨーロッパ的な白人社会の中で活動しているといえるだろう。

次章では南米の国境をみていこう。

第十二章

南米諸国の中でブラジルの国土がずば抜けて広いのはなぜか？

❖南米の大国となったブラジル

北アメリカは、アングロアメリカとも呼ばれる。そこはイギリス系のカナダとアメリカの二つの国に、広大な領土がほぼ二分されており、その二か国の政情は、比較的安定している。

これに対してラテンアメリカの俗称をもつ中南米には、多くの国がならび立っている。国どうしの対立もあるが、中南米の大部分の国ではそれよりもはるかに国内の上層階級と下層階級との深刻な紛争が目立つ。

これが原因で中南米では現在でも内戦や、反政府組織の活動、テロなどが日常的にみられるのだ。

中南米の全域は、かつてスペインとポルトガルの二大国の植民地であった。本章で説明するようにこの植民地支配が、そのまま現在の中南米の国々の政情不安につながっている。

ところで、多様な政治問題を抱える国々がならび立つ中南米の中で、ブラジルだけがずば抜けて広い領土をもっている点が注目される。ブラジルの国土面積は、八五一万平方キロメートル余りあって、アメリカの国土面積より少し小さい位である。

これに対して中南米で第二位の広さをもつアルゼンチンの面積は二七八万平方キロメートル余りにすぎず、ブラジルの三分の一程度である。

植民地時代のポルトガル領ブラジルの社会は、同じ時期に中南米にあったスペイン領の植民地社会とほぼ変わらない。しかも現在のブラジルは経済格差などの多くの社会問題を抱えており、その政情はきわめて不安定である。だが南米のポルトガル植民地は、そのまとまりを保ったままブラジルとなった。

以下の解説ではこのようなスペインの植民地とブラジルの植民地の歴史の違いについて触れていきたい。

❖植民地時代の負の遺産を抱える中南米

前章に述べたように北アメリカのイギリスやフランスの植民地の担い手は、小規模な農地を自ら経営する農民や商工民であった。そのため北米には、早くから独立の精神や他人との協調を重んじる倫理、民主主義などから成るフロンティアスピリット（開拓民の精神）が根づくことになった。

これに対して中南米の植民地は、少数のスペイン人、ポルトガル人が、先住民を支配して富を得るためにつくられたものであった。そのため武力で先住民を征服した白人たちは、鉱山や農場をつくり、多くの先住民を酷使して金銀や農産物を得て、それを本国に送っていた。さらに少し後になると、アフリカから黒人の労働者が大量に中南米に送り込まれるようになった。

こうした状況の中で、中南米におけるスペインの植民地では、本国と異なった独特の社会がつくられた。それは、厳しい身分制に支えられたものであった。

スペイン人は租税の免除などの特権を与えられて、中南米の社会の頂点にいた。植民地では本国での身分は問われずに、スペイン人であるだけで優遇されたのだ。植民地の白人は、本国から送られたスペイン人のペニンスラールと、現地で生まれた土着化したスペイン系の白人、クリオーリョに分かれていた。

本国から赴任した役人や軍人、カトリックの聖職者が、ペニンスラールである。そしてクリオーリョは鉱山主、農場主、商人、手工業者などから成っていた。

高位のペニンスラールが植民地の政治を担当したが、有力なクリオーリョは役人にあれこれ働きかけて実質的に国を動かしていた。有力なクリオーリョの中には、高位のペニンスラールと婚姻を繰り返して新興の門閥にのし上がる者もいた。

植民地の経済の実権は、少数の有力なクリオーリョに握られていたのだ。この下に、カースタと呼ばれる白人と先住民や黒人との間に生まれた人々が多くいた。かれらの大部分は、ヨーロッパから来た白人の男性と先住民や黒人の女性との間にできた子供の子孫である。

カースタのさらに下位に先住民や黒人がいたが、カースタと先住民、黒人の地位の差はほとんどなかった。

あと（225ページ）で述べるようにポルトガル植民地の社会も、これに似たようなものだった。現代の中南米のさまざまな社会問題の根源は、初期の植民地の極端に二極化した社会のあり方に求めるべきである。

✣急速に進展したスペインの征服事業

コロンブスのアメリカ到達後にスペイン人はカリブ海の島々を征服したが、かれらはまもなく中南米で大規模な征服事業を繰り広げるようになった。

図40　スペインが中南米においた副王領

拙著『世界地図から歴史を読む方法②』（河出書房新社）

一五二一年にコルテスが現在のメキシコにあったアステカ王国を、一五三三年にピサロがペルー、ボリビア、エクアドルにまたがるのインカ帝国を滅ぼした。このあと多くのスペインの征服者が軍勢を従えて中南米各地に遠征した。そのため一六世紀なかばまでに、ブラジルを除く中南米とカリブ海沿岸の北アメリカの一部が、スペインの領土に組み込まれた。

このような征服は、数百人程度の私兵の集団によってなされた。かれらは、スペイン王室の許可を得て行動したのだ。スペインの正規軍が、中南米を征服したのではない。

スペイン人の征服者たちは、各地に都市を建設してそこを植民地経営の拠点とした。スペイン王室は、征服者に対する恩賞として、かれらに征服した地域の一定の先住民を支配する権利を与えた。

これによって征服者は先住民を保護してキリスト教化する代わりに、かれらに労役を命じたり、租税を払わせたりしたのである。この制度は、エンコミエンダ制と呼ばれる。中南米の厳しい身分制度は、このエンコミエンダ制によってつくられた。

征服が一段落すると、スペイン王は、中南米の植民地に、強大な権限をもつ副王を何人かおいた。この副王は整った官僚組織をつくって、その領域に対して強力な支配を行なった。

スペイン植民地がいくつかの副王領に分割されたのであるが、各副王領の上流の白人（ペニンスラールとクリオーリョ）たちは、このあと副王領を単位に密接なつながりをもつようになっていった。この副王の任命は、スペイン領が独立のときに複数の国に分かれる遠因をつくったと評価できる。

❖砂糖農園で発展したブラジル経済

コロンブスのアメリカ到達後まもない一四九四年に、スペインとポルトガルの間でトルデシリャス条約が締結された。これは、ローマ教皇アレクサンデル六世の仲

図41　トルデシリャス条約

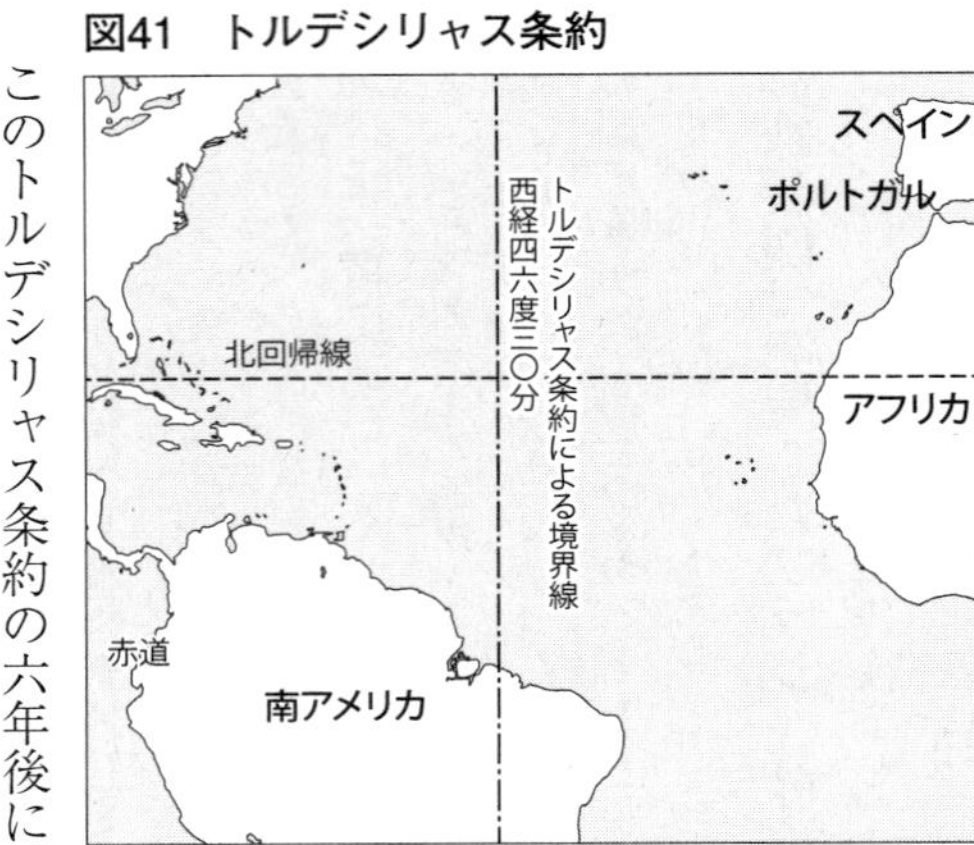

拙著『世界地図から歴史を読む方法②』(河出書房新社)

介で成立した、スペインとポルトガルの海外領土の分割に関する取り決めである。それはアフリカの西側、現在のセネガルの沖にある大西洋上のカーボヴェルデ諸島から、西方に約一七七〇キロメートルいった西経四六度三〇分のところに境界線を引き、地球をまっ二つに分けて、その線から東側と西側とを二分するものであった。このときその線の東側はポルトガルの勢力圏、西側はスペインの勢力圏とされた。

このトルデシリャス条約の六年後に、インドに向かったポルトガルのカブラルの船団が、大西洋で西方に流されて南米のブラジルに漂着した。そこの経度を測ると、トルデシリャス条約が定めたポルトガルの勢力圏にあることがわかった。

しかしその頃のポルトガルは、アフリカやインドの拠点に設けた自国の植民地の経営で手一杯であった。そのためポルトガルのブラジルへの植民は、一五三〇年代になってようやく始まった。このあとポルトガル人はブラジル各地に、多くの砂糖栽培の大農園を開発していった。

この農園には、アフリカから多数の黒人労働者が送られた。ブラジルでも、少数の農場経営者のブラジル人が多数の黒人を支配する、スペインの植民地に似た社会がつくられていったのである。

ポルトガル王室は、最初はブラジルに一五のカピタニアと呼ばれる植民地をつくり、そこにポルトガルから役人を送って植民地を支配させた。しかしまもなくカピタニア制がうまく機能しなくなったので、一五四九年にブラジル総督をおいた。

総督は官僚組織を従え、ブラジル全土の財政、司法、軍事の一切を把握した。さらに一七二〇年にブラジル総督はブラジル副王とされ、ブラジル全体が一人の副王に統治される形がつくられた。このようにして、ポルトガル領のブラジルは一つにまとめられたまま、一九世紀の中南米諸国独立の時代を迎えることになった。

❖中南米諸国の独立運動の起こり

一九世紀に中南米の植民地は、本国からの独立に向けて動き始めた。一八世紀末のアメリカ独立革命とフランス革命が、かれらの大きな刺激になった。

最初に独立運動が起こったのは、エスパニョーラ島のフランス植民地サン・ドマングであった。エスパニョーラ島は、コロンブスが最初に到達した島としても知られている。

このエスパニョーラ島の住民の八七パーセントが黒人労働者であった。フランス革命にならって自由の国をつくろうと唱えるこの地の住民が、一八〇四年に反乱を起こし、独立したのちに世界で最初の黒人の共和国であるハイチを建国した。

現在エスパニョーラ島の地は、ハイチとドミニカの二国の領土に分けられている。これは、エスパニョーラ島のスペイン人の勢力の強い地域が、一八四四年にドミニカとしてハイチから独立したためである。

一八世紀の産業の発展によって、中南米では白人の大地主や有力な商人の経済力が大きく向上していった。そうなると本国から派遣された官僚の勢力がしだいに低下していく。

地主や商人などの上流の白人は団結し、機会をとらえては官僚にさまざまな要求を出してかれらの権限を削減していった。このような背景のもとで、一八〇八年にスペインで重大な事件が起きた。フランスのナポレオン（ナポレオン・ボナパルト）のスペイン侵攻によって、スペイン王フェルナンド七世が強制的に退位させられたのである。

このあとナポレオンは、兄のジョセフ・ボナパルトをスペイン王に立て、ホセ一世と名乗らせた。

スペイン王の交代の知らせを受けた南米の上流の白人（クリオーリョ）の間に、

「私たちが苦労して開発した土地を、フランス人の王が任命した役人に勝手に支配させてはならない」

という声が広まっていった。かれらは本国からの自立を求めて、一八一〇年にカラカス、ブエノスアイレス、サンチアゴ、ボゴタに臨時政府を樹立した。

❖副王領をもとに独立したスペインの植民地

スペインではナポレオンの敗退によってフェルナンド七世が復位したが、独立への流れは止まらなかった。一八一〇年代から一八二〇年代の中南米では、王党派、上流の白人（クリオーリョ）の連合、先住民などから成る反乱軍の三つ巴の争いが続いた。

しかし王党派は後退し、民衆の反乱軍はクリオーリョたちに制圧された。そのためブラジルを除く中南米に、共和制をとる独立国が次々に建国された。

最初にアルゼンチンの前身にあたるリオ・デ・プラタが、一八一六年に独立した。次いで一八一八年にチリが、一八一九年には現在のコロンビアを中心とした大コロンビア連合が建国された。このあと一八二一年にペルーやメキシコがつくられた。大コロンビア連合は、一八三〇年になってエクアドル、コロンビア、ベネズエラに分かれた。

このようにして中南米で多くのスペイン系の国が誕生したのである。

図42　中南米諸国の独立（年代は独立した年）

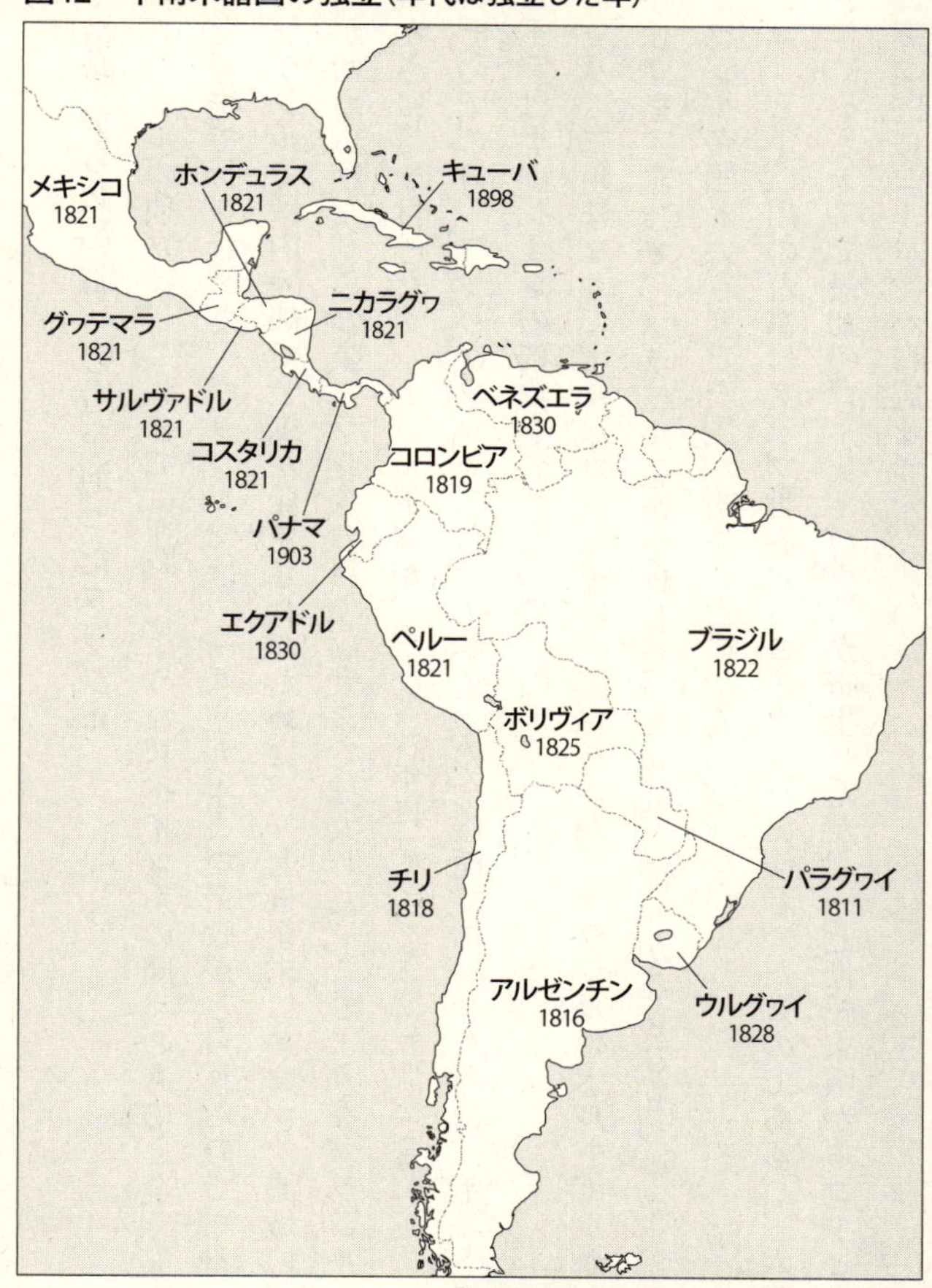

『標準世界史地図』（吉川弘文館）を参考に作成

❖帝政から共和制への道を辿ったブラジル

ブラジルの独立は、これまでに述べたようなスペイン系の国々のものと全く異なった経緯で行なわれた。ブラジルでは、一八八九年まで帝政がとられたのである。

ブラジルでは内陸部で金鉱が発見されたために、一七世紀末にアマゾン流域の開発が始められた。この頃ブラジルの領土は大きく拡大した。このようなブラジルの豊かさに目を付けたポルトガル王室が、一八〇八年にブラジルに亡命してきた。

その頃のヨーロッパはフランスのナポレオンの全盛期であったために、ポルトガル王室はナポレオンの侵攻を恐れたのだ。

一八二二年になってポルトガル王室のペドロ一世が、ブラジルのポルトガルからの独立を宣言して、ブラジル皇帝を称した。共和制の国々がならび立つ中南米に、ブラジル帝国という異質な国が誕生したのである。

コーヒー飲用の習慣はアラブ世界からヨーロッパに伝わったものである。一六四五年にベネチアで最初のコーヒーハウスが誕生したが、一七世紀末頃からコーヒーは爆発的にヨーロッパに広まった。

この動きの中で一九世紀初め頃にブラジルのコーヒー栽培が始まり、一九世紀なかばにはブラジルが良質なコーヒー豆の産地として注目を集めることになった。そのためブラジルに多くのコーヒー農園が開発され、ヨーロッパからの移民が急増した。ブラジルは砂糖の産地（225ページ参照）からコーヒー豆の産地へと転換したのだ。

この動きの中で農園主などの上流の白人が、勢力を大きく拡大していった。かれらは一八八九年にフォンセカを指導者とするクーデターで帝室を倒し、共和制の新たな国家を建設した。しかし帝政が行なわれなくなったあとのブラジルは民主化せず、ブラジルでは、中南米のスペイン系の国々と同じく少数の上流の白人が権力を握り続けた。

中南米は長期にわたって、宗主国であったスペインとポルトガルの影響下におかれていた。しかし一九世紀末からアメリカが急速に発展すると、中南米の国々は地理的により近いアメリカと経済的に結び付くようになった。

二〇世紀に入ったあたりからアメリカ流の民主主義の思想が中南米に広がったが、一九三〇年代には、中南米の多くの国で上流の白人を抱き込んだ軍事政権がつくられていった。中南米では第二次世界大戦後も、民主化を求める勢力と軍事政権との争いが何度も起き、それにともなって経済の混乱も頻発した。

複数の副王領をもとに多くの国に分かれた旧スペイン領と、ブラジル帝国のもとに一つにまとまっていた旧ポルトガル領との、国境の形は大きく違う。しかし「大西洋を越えて広がったヨーロッパ世界」と呼ぶべき中南米の地域では上流の白人による支配が続き、それに独立時のさまざまな問題を加えた形で、現在にいたっているのである。

次章ではイギリスの植民地となったが、独自の文化を保ったインド亜大陸の国々をみていこう。

第十二章

かつて西パキスタンと東パキスタンに分かれていたのはなぜか？

❖解決のめどがつかないカシミール紛争

「南アジア（インド亜大陸）」と呼ばれる、東方の東南アジア、西方の中近東、北方の中国もしくはチベットと区別される地域がある。

現在南アジアには、インド、パキスタン、バングラデシュ、ネパール、ブータンなどの国がみられる。この南アジアは、きわめて理解しがたい地域である。カシミール紛争の経緯をみると、「南アジアには国境という発想が全く通じないのではあるまいか」とまで思えてくる。またかつて一つのイスラム教国であったパキスタンが現在はパキスタンとバングラデシュの二つの国に分かれた理由も、日本人には理解しづらいだろう。

南アジアのイスラム教文化圏とヒンドゥー教文化圏の境界は、きわめて曖昧である。そのため一九四七年にインドとパキスタンの間で、カシミール紛争が起きた。

さらに二〇一六年にも、カシミールの中でインドの勢力圏とされてきたインド領ジャム・カシミール州で深刻な紛争が発生したという報道があった。インド領カシミールをインドから独立させようとする集団と、インド軍が衝突したのである。

長期にわたるカシミール紛争で、これまで四万七〇〇〇人以上の死者が出たといわれている。また別の報道では、死者の総数は一〇万人を超えるともいわれ、カシミール紛争は現在にいたっても、解決のめどが見えてこない。

これとは別に、インドと中国の間でも、長期にわたる国境紛争がみられる。

ここにあげた問題を解決する手がかりを得ることは、きわめて難しい。それは、「どこまでが、南アジアの中のヒンドゥー教文化圏であるのか」という解けない謎の答えを見つけるようなものだと考えてよいのだろう。

南アジアが、「インド亜大陸」と呼ばれることもある。かつてその地域には、古代インドのバラモン教をもとにつくられた、一つの共通する文化や習俗があった。

筆者は前にインドとネパールを旅行し

図43　南アジアの言語

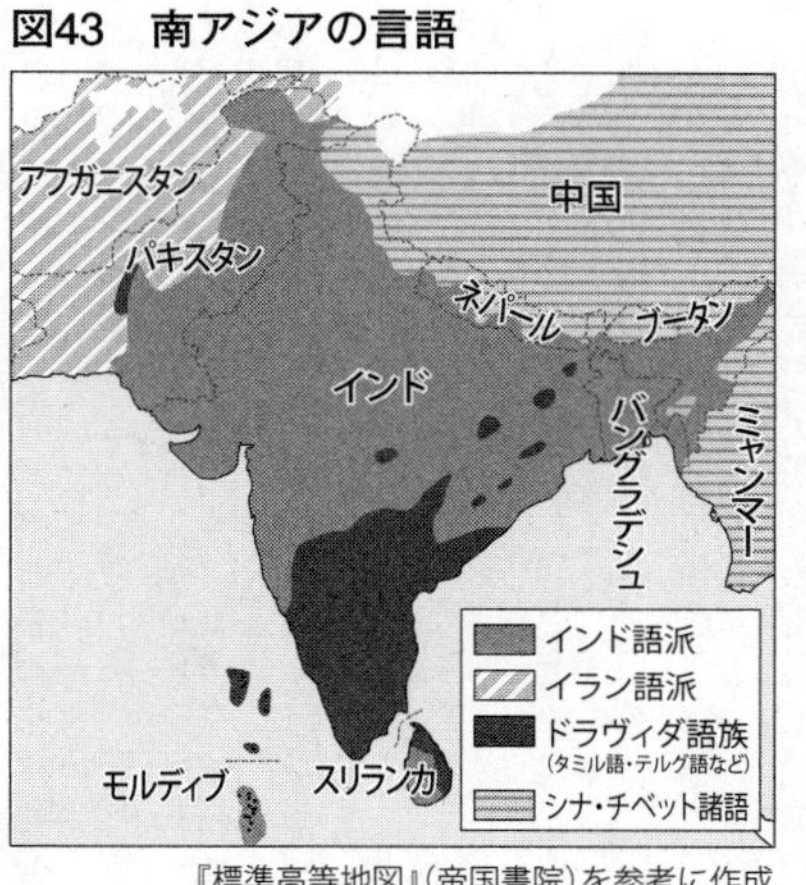

『標準高等地図』(帝国書院)を参考に作成

たことがあるが、インドとネパールの違いが全くわからなかった。インドは地方ごとに、独自の特性をもっている。そしてネパールにインド風の習俗が多く見られるために、ネパールはインドの地方の一つのように思えてしまうのだ。ネパールでは料理も、紅茶のいれ方も、インドと全く変わらない。

ところがこれから説明するように、歴史上で南アジアが一つの国にまとまっていた時期はそう多くない。

なぜ南アジアの人々は漢民族のように、地域差を乗り超えた中国のような一つの国をつくらなかったのであろうか。

七世紀にアラブの貿易商が、イスラム教を伝えたあと、南アジアにイスラム教が広がった。南アジアの西方では、イスラム文化圏がパキスタンに、バラモン教の流れをひくヒンドゥー教の文化圏がインドになっている。

南アジアのヒンドゥー教徒とイスラム教徒は、お互いの宗教観の違いを認識した上で、同じ文化圏の人間としての強い親近感をもっているようにもみえる。まず南アジアという特殊な世界ができた理由を歴史からみていこう。

図44　アーリア人の南下

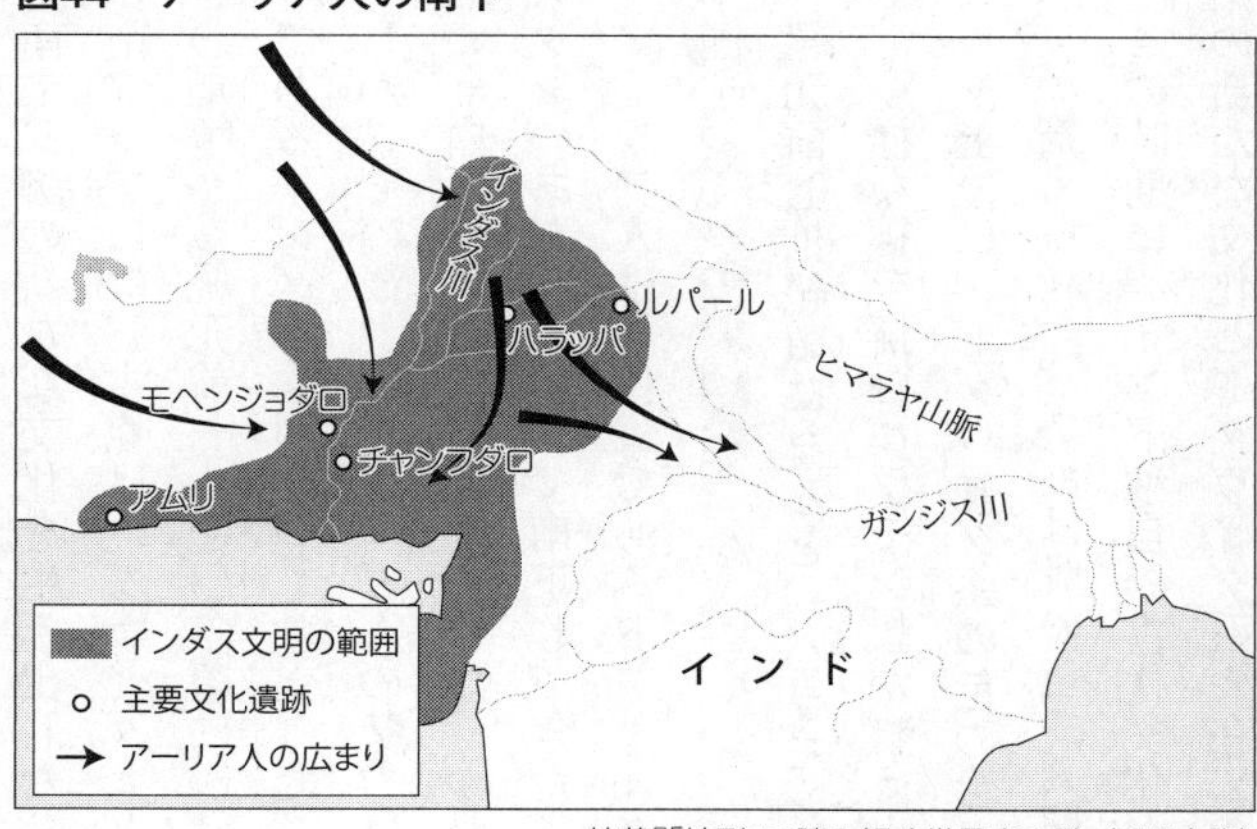

拙著『「地形」で読み解く世界史の謎』(PHP文庫)

❖インドの起こり

南アジアの地では、北方や西方からさまざまな民族が移住してきて混じり合い、現在みられるようなインド文化をつくりあげた。インドはその長い歴史の中で、二度にわたって外来の民族に征服されている。

一度目は紀元前一〇世紀頃のアーリア人による征服である。そして二度目は、一〇世紀以後に何度にもわたってなされたイラン系のイスラム勢力の侵入である。

征服がなされるたびに、新来の征服者の集団は、征服された人々と混じり合って南アジアの新たな文化を生み出した。

南アジアには、古くはドダヴィダ人というアジア人がいた。かれらは紀元前二三〇〇年頃から紀元前一八〇〇年頃にかけて、インダス川流域に世界の四大文明の一つであるインダス文明をつくり上げた。

しかしその後、ドダヴィダ人の勢力は後退し、紀元前一〇世紀頃からアーリア人という白人が大量に移住してきた。かれらは西トルキスタンから、現在のアフガニスタンのあたりを通って南下してきたようだ。

アーリア人は先住民であるドダヴィダ人と混血しながらインドを征服し、各地に小国をつくっていった。

紀元前七世紀頃になると、バラモンと呼ばれるアーリア人の司祭者たちの主導で、多様な神を拝むバラモン教が整えられた。その頃には、アーリア系の色の白い人々を上位に、ドダヴィダ系の色の黒い人々を下位におく、ヴァルナ制度（カースト）が整えられた。これは肌の色で人間を差別する階級制度であった。

この時期に、インド独自の古代文化が確立したと評価できる。それは、アーリア系の新たな文化とドダヴィダ系の在来の文化とを融合させた南アジア独自のであった。同じアーリア系でもイラン文化とインド文化は、最初から大きく異なっていたのである。

❖一つにまとまれなかったインド

アーリア人の侵入をきっかけに、インドでは地方ごとに個性の強い文化がつくられていった。もともと、ドダヴィダ人全体に共通した文化があったわけではない。ドダヴィダ人は数百人から千数百人程度の部族に分かれて、農耕生活を送っていた。個々の部族は、強い個性のある伝統や文化をもっていた。

アーリア人は、一度にまとまってインドを征服したわけではない。かれらも多くの部族に分かれており、その部族がいくつか集まったものが、インドにやって来たのだ。アーリア人がインド各地に広がってドダヴィダ人と混じっていくと、アーリア系が比較的多い集団やドダヴィダ系が多い集団などが現われた。

このようにしてインドでは、地域を単位に強く結合した多様な集団が並存することになった。しかし、それらをまとめて一つの「インド人」にした者は、現われなかった。そのため現在でも、インドにはきわめて多くの方言が残されている。

バラモン教は、バラモンと呼ばれる知識層を担い手とする、高度な学問のうえにたつ宗教であった。このバラモン教は、グプタ朝（三二〇頃―五五〇年）がインド北部を治めた頃に大衆化し、シヴァ、ヴィシュヌなどのさまざまなインドの神に現世利益を願う宗教へと変わっていった。

大衆化したバラモン教は、ヒンドゥー教と呼ばれる。ヒンドゥー教は、バラモン教の大枠を受け継いだ庶民向けの宗教と考えてよい。

私は何点かのヒンドゥー教の解説書を読んだが、ヒンドゥー教の実体をなかなか理解できなかった。あるときインド人の実業家と話す機会があり、ヒンドゥー教について尋ねてみた。そうすると、こういった主旨の答えが返ってきた。

「ヒンドゥー教には多くの宗派があり、その宗派ごとに多様な考え方がみられる。だからヒンドゥー教徒であっても、ヒンドゥー教の全体像を摑むことはできない」

インドには多くの方言があり、地方ごとにさまざまな文化がある。また、ヒンドゥー教も一つのものではない。よってこうしたインドを政治的に統一するのは至難のわざと言わざるを得ないだろう。

インド統一までの長い道

紀元前三二七年に、インドはマケドニアの大軍の攻撃を受けた。ギリシア、イランなどにわたる大帝国を築いたアレキサンダー大王の軍勢が、インダス川流域に侵入してきたのだ。

しかしアレキサンダーは、インドの諸勢力の抵抗にあって引き返さざるを得なかった。この外圧からまもない紀元前三一七年頃に、アーリア系の小国をまとめたマウリヤ朝がつくられた。

これは、インド人がまとまって外敵に対抗するためにできた国である。マウリヤ朝は、紀元前三世紀なかばに全盛期を迎えた。この時期に、インドの大半がマウリヤ朝の領土になっていたと推測されている。

図45　マウリヤ朝の最大領域

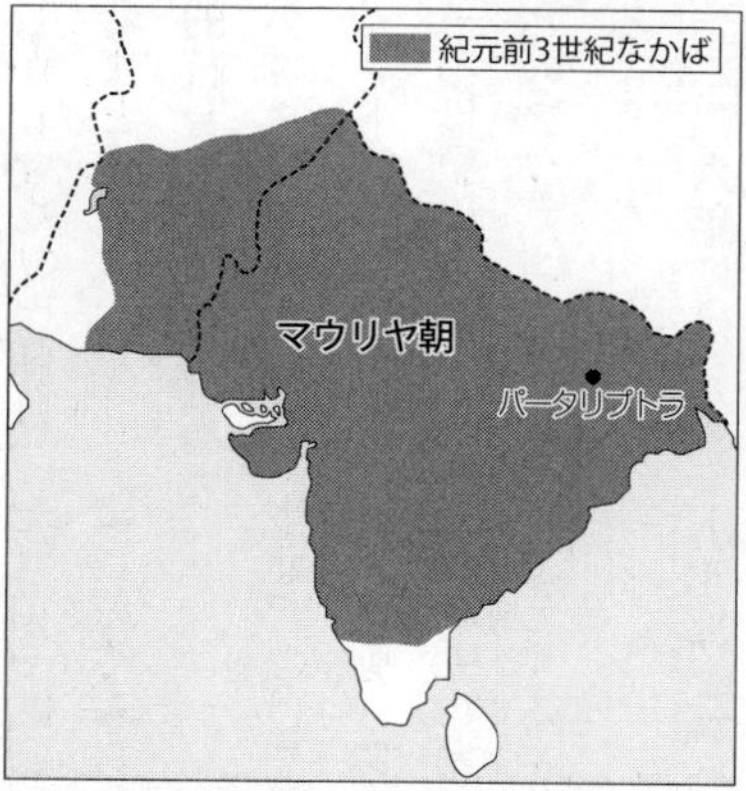

紀元前3世紀なかば
マウリヤ朝
パータリプトラ

拙著『「地形」で読み解く世界史の謎』(PHP文庫)

しかしマウリヤ朝は、紀元前一八〇年頃に滅んだ。そしてマウリヤ朝時代に匹敵するまとまりは、インドに長らくみられなかった。インドは何度となく、分裂と部分的統合を繰り返した。

グプタ朝のようなインド北部だけを統一した王朝や、サータヴァーハナ朝のようなインド南部だけを統一した王朝がみられるだけである。

一〇世紀に入ると、イスラム系の勢力のインド侵入が始まった。そしてガズナ朝などのアフガニスタンを本拠とするイスラム系の王朝がインド北部を自国の領土とするようになった。

一二〇六年には、インド北部を統一した奴隷王朝（一二〇六―九〇年）が現われた。このあと、ハルジー朝などの四つの王朝が、相次いでインド北部を支配した。奴隷王朝を含めたイスラム系の五王朝は、「デリー・スルタン朝」と総称されている。

❖モンゴル帝国にならってインドを統一したムガル帝国

デリー・スルタン朝の最後の王朝であるロディ朝のあとバーブル（一四八三―一五三〇）が興したムガル帝国がインドを支配した。

バーブルは、もとはフェルガナ（西トルキスタンの都市）の領主で、ティムール（284ページ参照）の五代目の子孫と名乗っていた。さらにかれは、こうも言っていた。

「私の母方の一五代目の先祖はチンギス・ハンである」

ムガル皇帝は、ロシアや清より早くチンギス・ハンの後継者と称したのだ。バーブルは一五二六年のパーニーパットの戦いでロディ朝の最後の君主イブラーヒーム・ロディを破り、デリーの町を征圧してムガル帝国を興した。

図46　ムガル帝国の最大領域

『詳説　世界史図録』（山川出版社）を参考に作成

　このムガル帝国はしだいに領土を拡大していき、アウラングゼーブという有力なムガル皇帝のもとで、一七世紀末にインドのほぼ全土を統一した。インドの地は、チンギス・ハンの後継者を自認するイスラム系の勢力によって、はじめて統一されたのである。

ペルシア語を公用語にしたムガル帝国のもとで、イランのイスラム文化とインドの在来の文化が融合した、華やかなインド・イスラム文化が大きく発展していった。

しかし一七〇七年にアウラングゼーブが亡くなったあと、ムガル帝国は急速に衰退した。ムガル帝室で帝位争いが続き、暗殺されたり廃位されたりする皇帝が相次いだのだ。この宮廷の混乱の間に、インド各地で反乱や中央政権からの離反が続出した。

時代は戻るが一五世紀のインドでヒンドゥー教的要素とイスラム教的要素をあわせもつ、シク教という新たな宗教がつくられていた。このシク教の教団は、イスラム系のムガル帝国に反発して、一八〇一年に信者が多いパンジャーブ地方にシク教国を樹立した。

一七二〇年代には、ムガル帝国のベンガル太守、アウド太守、デカン太守が、それぞれ中央から自立した。このようにして一八世紀なかばから、インドは再び分裂状態に戻ってしまったのだ。

図47　18世紀末のムガル帝国の分裂とイギリスの植民地

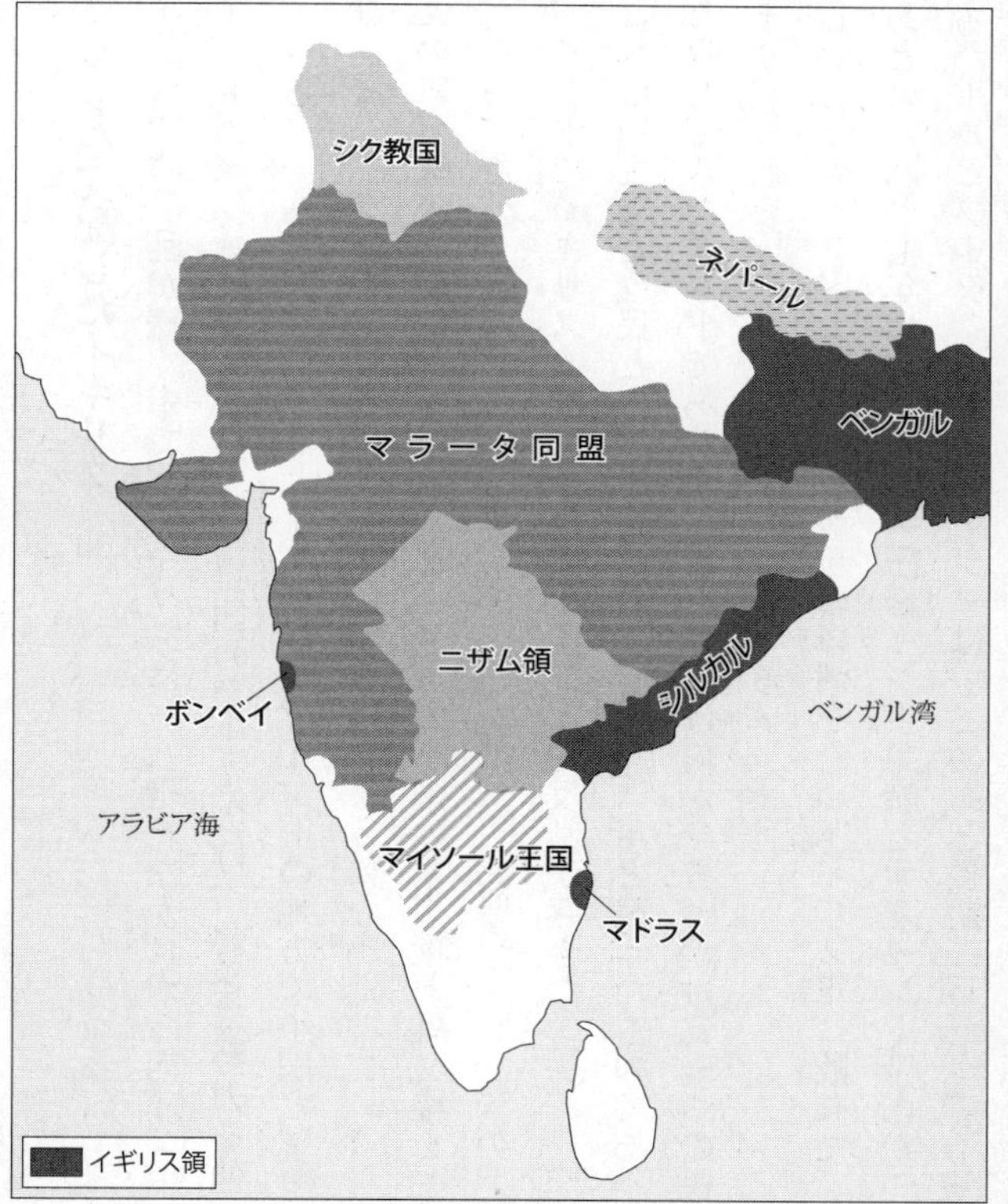

『標準世界史地図』（吉川弘文館）を参考に作成

❖インドを支配したイギリス

インドでの混乱が続く中で、イギリスは一八世紀なかばから南インドの東海岸と東インドのベンガル地方を中心に自国の領土を広げ、急速に勢力を伸ばしていった。さらに一八世紀末になるとイギリスは、インドの地方の小国と軍事保護同盟を結び、インド各地を実質的に支配下に組み込むようになった。

この軍事保護同盟は、イギリスがインドの小国の軍事権と外交権を一手に握るものだった。このような形でイギリスはインド支配を進めていったが、一八五七年に、インドでイギリス支配に抵抗するインド大反乱が起きた。

これは領主層と庶民とが手を組んで、イギリス軍と戦ったものであった。分裂を繰り返してきたインドであるが、インド人は何かをきっかけに一つの民族としてまとまり、外敵を排除する特質をもっている。

しかしこのインド大反乱は、最新の軍備をもつイギリス軍に敗れた。そして反乱のあとの一八七七年に、イギリス王をインド皇帝とするインド帝国がつくられた。

ネパールとブータンを除く南アジアは、このあと長期にわたってイギリスの支配下におかれることになる。しかし一八八〇年代から、インド人の知識人を中心とするインドの独立運動が起こった。

そして一九一九年にガーンディーを指導者とする、ヒンドゥー教徒の非暴力的な抵抗運動という形の独立運動が高まった。同じ年にイスラム教徒もヒラーファト運動という独立を求める行動を始めた。

しかしヒンドゥー教徒とイスラム教徒の利害は一致せず、両者の対立が続いてしまった。

❖インドとパキスタンの分離独立

一九四七年になって、英領インドは、ヒンドゥー教のインド連邦とイスラム教のパキスタンに分かれる形で独立を迎えた。イスラム教徒は自分たちが住む土地を「宗教上、清浄なる土地（パキスタン）」と名付け、パキスタンの国名でインドから分離したのだ。このときパシュトゥン人、タジク人などの居住地が西パキスタン、ベンガル人の居住地が東パキスタンとなった。

しかしベンガル人の間にパキスタンからの独立の機運が高まり、一九七一年に東パキスタンは「ベンガルの国」を意味するバングラデシュの国名で独立した。現在、かつての西パキスタンだけが、パキスタンの国になっている。

ベンガル人やパキスタンのパシュトゥン人などは、広い意味でのインド人の中の一地方に居住する集団と呼ぶべきものである。よってインド語のベンガル方言と呼ぶべきベンガル語が、バングラデシュの公用語になっているのである。

またパキスタンの公用語のウルドゥー語は、インド語のデリー方言のヒンディー語にペルシア語の語彙(ごい)を取り入れて、ムガル帝国時代につくられた言葉である。ちなみにインドの公用語は、ヒンディー語だ。

❖カシミール紛争の起こり

南アジアで独立した小勢力は、三つある。ネパール、ブータン、そしてセイロンだ。

ネパールは、カトマンズ盆地を中心とする小国である。五世紀にリッチャヴィ朝が立ったのが起こりで何度かの王朝交代を経たあと、一九九〇年から民主化への歩みを始めた。

ブータンは、一七世紀にチベットからやって来た高僧ナムゲルによって統一されたヒマラヤの山国である。イギリスの影響下で一九〇七年から王制を確立し、一九一〇年にイギリス人が支配するインド帝国の保護国となった。この流れでブータンは現在、外交と防衛をインドに委託している。

島国セイロンはインド独立の翌年にあたる一九四八年に、イギリス連邦内の自治領として、インドとは別の国として独立した。しかしセイロンでは、仏教徒であるシンハラ人とヒンドゥー教徒のタミル人との対立が長期にわたって起こった。そして近年になってその争いは、多数派のシンハラ人の勝利の形でひとまず落ち着いている。

ネパール、ブータン、セイロンの三国の国境はわかりやすいが、一九四七年にインドとパキスタンの間で起こったカシミール紛争はきわめて複雑な様相を呈していた。

もともとカシミールは、イギリス支配のもとのインド帝国におかれた地方豪族が支配する五六二の藩王国の一つ、カシミール藩王国であった。

カシミール藩王は、ヒンドゥー教徒であったが、インド北西方にあるカシミール

図48　カシミールの実効支配線

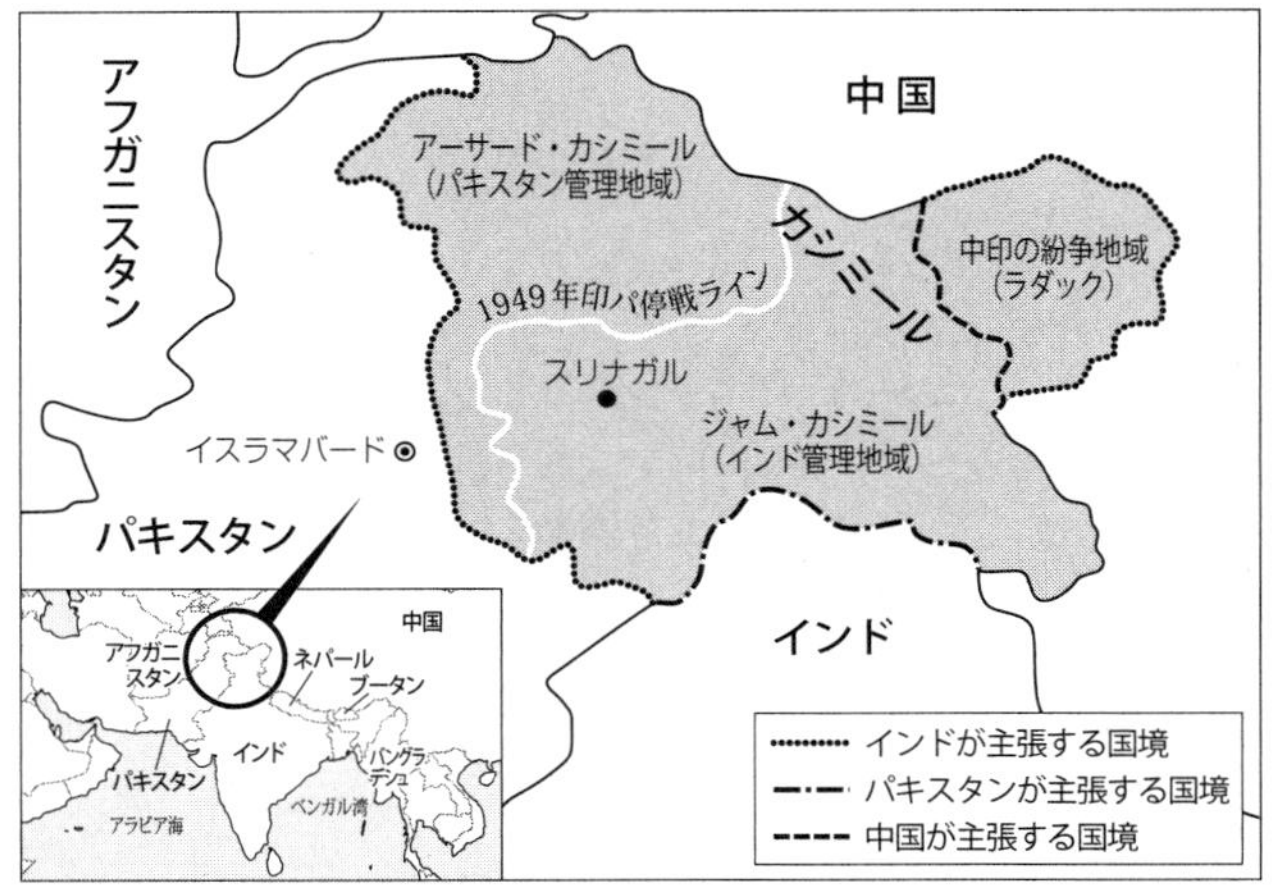

浅井信雄『アジア情勢を読む地図』(新潮社)を参考に作成

の住民の約八割はイスラム教徒であった。イギリスが藩王たちにインドかパキスタンかのいずれかに属することを求めたとき、カシミール藩王はどちらの道もとらずカシミール独立を指向した。

一九四七年一〇月にこれを知ったパキスタンが、カシミールに武力介入を企てたとき、藩王はインドに支援を求めた。そのためインド軍がカシミールに侵攻し、パキスタン軍と戦争になった。これが第一次印パ戦争である。

この後、一九六五年と一九七一年の二度にわたりカシミールをめぐるインド、パキスタン間の戦争が起こっている。

第一次印パ戦争のあとの一九四九年、実効支配線が引かれ、インドとパキスタンがカシミールを分割する形で停戦となった。

これによりインドが、カシミールの約六割にあたるジャム・カシミール州を支配し、パキスタンは、残りの約四割にあたるアーサード・カシミールを支配する形となった。

しかしこのときの実効支配線が、安定した国境になったわけではない。インドの支配下にあるジャム・カシミール州には、多くのイスラム教徒がいるからだ。しかもかれらはパキスタン政権に反発しており、インドにもパキスタンにも属したくないと主張している。

またインド政府もパキスタン政府も異教徒に屈服することを嫌い、自国の誇りを守るために何としてもカシミールを手放したくないと考えている。

このような三者の利害の衝突を、うまくおさめることは可能であろうか。パキスタンは多民族国家で民族間の対立があり、国をまとめていくのは容易ではない。インドも地方ごとにまとまった集団の寄せ集めで、個々の地方が個々の民族といってよいほどである。

南アジアのイスラム教徒は、ヒンドゥー教徒に対する反発からパキスタンをつくったが、東パキスタンのアーリア系ベンガル人と、ペルシャ系とアーリア系が混血してできた西のパキスタンのパシュトゥン人、タジク人は性格の異なる民族と言ってもよいものであった。そのため東パキスタンの人々は、西パキスタンから分かれてバングラデシュを建国した。

このように考えてくると、ヨーロッパと同様、南アジアも政治的に一つにまとまり難い地域であり、国境は強者が人為的にひいたものにすぎないのではないかと思えてくる。

次章から中近東の国境問題をみていこう。

第十四章

なぜイスラエルとイスラム諸国の紛争は長く続いているのか？

❖終わりの見えないパレスチナ問題

パレスチナ紛争は、イスラエルの独立が実現した一九四八年から現在まで続いている。イスラエル人（以下、便宜上「ユダヤ人」の言葉で表記する）が建てたイスラエルと、その周囲のアラブ人の国々とが、長期にわたって争っているのである。

現在、パレスチナの地はイスラエルの領土とパレスチナ自治区の領土とに分断されている。このイスラエル政府とパレスチナ自治区の反イスラエル勢力ハマス（270ページ参照）が対立し、アラブ諸国がパレスチナ自治区を後援しているのである。

パレスチナのアラブ人は、もとはイスラム王朝であるオスマン・トルコ（オスマン帝国）の領内で比較的平和に暮らしていた。しかしオスマン・トルコが第一次世界大戦で敗れたためにパレスチナはイギリスの委任統治領になり（一九二〇年）、第二次世界大戦後にヨーロッパの強国が圧力をかけて、イスラム教徒も住む土地に、勝手に異教徒であるユダヤ教徒の国をつくってしまった。

イスラエルに住むイスラム教徒は自分の意に添わないイスラエル政府に従わねば

ならなくなったのである。イスラエル政府に従うことを拒否したイスラム教徒の多くは、故郷を捨ててヨルダン西岸地区（のちのパレスチナ自治区）に逃れた。パレスチナのイスラム教徒にとって、降って湧いた天災のような非道な政略である。

長い年月を経た現代にいたっても、

「パレスチナ自治区に拠ってイスラエル政府と戦わねばならない」

と思い詰めた人々はじつに気の毒である。しかし、長期にわたって周囲の国々と対立せざるを得なくなった、イスラエルの庶民にも同情せざるを得ない。

❖パレスチナ紛争の現在

日本人の多くは、

「周囲を敵国に囲まれ、いつ戦争が起こるかわからないイスラエルのような国にはいられない」

と考えるだろう。

こうした発想は自然であろう。しかし、イスラエルの事情に詳しい方々は、ユダヤ人たちは日本人が想像できないほど陽気で人なつっこい人たちであるという。かれらはイスラエル政府の軍事力に、絶対的な信頼を寄せているからであるらしい。

しかもかれらは、「ユダヤロビー」と呼ばれるアメリカのユダヤ人の資本家たちがアメリカ政府を動かして自分たちを守ってくれると考えている。ゆえに部外者の目には、

「パレスチナ紛争は、パレスチナ自治区のイスラム教徒に、より深刻な事態をもたらした」

と映る。

二〇一五年一月に安倍晋三首相はイスラエルとパレスチナ自治区を個別に訪問し、こう語った。

「真の友人として、双方に率直に助言を行なっていきたい」

これは、日本が積極的平和主義を打ち出したものだと報道された。日本はパレスチナ紛争の解決のために、何ができるのだろうか。

二〇一六年に国連の安全保障理事会は、イスラエルに対してユダヤ人のパレスチナ占領地への入植を中止するように勧告した。それでも、パレスチナ紛争は終わらない。

❖ヨーロッパで差別され続けたユダヤ人

パレスチナ紛争は、ユダヤ教とイスラム教との宗教戦争のようにも思える。しかし、その本質はイスラエルとアラブ諸国との間の領土の取り合い、つまり国境紛争ととらえるべきではあるまいか。

かつてパレスチナの地にはユダヤ人の国があったが、ユダヤ人がつくった最後の王国であるユダヤ王国は、四四年にローマ帝国に併合された。国を失ったパレスチナのユダヤ人の多くは、このあと長期にわたってヨーロッパの白人の差別のもとで生活することになった。

この他に九六五年にキエフ公国（89ページ参照）に亡ぼされたトルコ系のハザール・ハン国のユダヤ教徒もユダヤ人として差別された。

ヨーロッパでは、キリスト教徒のラテン系、ゲルマン系、スラブ系の白人だけを「ヨーロッパ人」とする発想が強かった。ただ、フィンランドのフン族の子孫と称した人々や、ハンガリーのマジャール人、ブルガリアのブルガル人などは、白人でなくてもヨーロッパ人として扱われた。かれらが白人の文化を学び、白人と混血し、白人と同化してキリスト教徒になったアジア人だったからである。

ヨーロッパの長い歴史をみると、ブルガル人、フン族、ハザール人、マジャール人、モンゴル帝国のタタール人などの多くのアジア系の遊牧民がヨーロッパに侵入したことがわかる。かれらはトルキスタン北方からロシア南部に続く、キプチャク草原を通ってヨーロッパに来た。

そのような遊牧民の中のブルガル人、フン族、マジャール人はヨーロッパ人に受け入れられた。そしてユダヤ教徒のハザール人、イスラム教徒のタタール人は異教徒としてヨーロッパ人の社会で異質なものとされた。

❖ユダヤ人のシオニズム運動の起こり

ユダヤ人やアラブ人、それに「ジプシー」の通称で呼ばれるインド方面から来たとされるロマ族などは、ヨーロッパ世界では卑しい人間とされて厳しい差別を受け続けた。ユダヤ人には優秀な医者、学者、商人などが多かったので、ヨーロッパの中世の権力者たちはユダヤ人を「卑しい人間」としながら、上手にあれこれ利用してきた。

しかし、一八世紀末頃からヨーロッパに、自由主義の流れが起こってきた。フランス革命で、人権宣言（一七八九年）が出されたのだ。このあとフランスの国民議会は一七九一年に、

「フランスの白人と平等の権利を、ユダヤ人に与える」

と議決した。一九世紀に入ると欧米の先進国が次々に、ユダヤ人に自国の白人と平等の権利を与えた。

これはユダヤ人の人権を認める政策だったが、そのことが逆にユダヤ人に災いをもたらした。白人の庶民が、自分たちと同等の権利をもつようになったユダヤ人の富豪に強く反発したのだ。

「ユダヤ人は卑しい人間とされてきたから、かれらがしぶとく金儲けをしても見過ごせた。ところがユダヤ人に私たちと同じ権利が与えられたら、我々はユダヤ人の下位におかれてしまう」

とかれらは思ったのだ。

そのため一九世紀末にロシア、ルーマニアなどで、ユダヤ人排斥運動が始められた。

「ユダヤ人を排斥せよ」という声が広まる中で、ユダヤ人知識人の間で「シオニズム運動」が始まった。これは、

「ローマ帝国の時代にユダヤ教の総本山であるエルサレム神殿があった地を見下ろす思い出深きシオンの丘に帰ろう」

と唱えたものである。そのためにはユダヤ人の手でパレスチナに、イスラエル（ユダヤ人の国）を建設する必要がある。

このシオニズム運動に従って、一九世紀末からオスマン・トルコ支配下のパレスチナに移住するユダヤ人が多く出た。アメリカ、イギリスなどのユダヤ人の富豪の多くが、資金面で積極的にシオニズム運動を支援したのだ。

❖イスラエル建国までの苦しい道のり

第一次世界大戦（一九一四―一八年）が始まり、イギリスは優れた軍備をもつ新興のドイツ相手に苦しい戦いを強いられた。イギリスはフランス、ロシアと同盟を結んでドイツを封じ込める外交策をとってきたが、第一次世界大戦の開戦後にロシアの民衆の反戦の声が高まり、ロシアがあてにならなくなったのだ。まもなく（一

図49　第一次大戦時のトルコとその周辺

『標準世界史地図』（吉川弘文館）を参考に作成

九一七年二月）ロシア革命が起こり、頼みとするロシアが早々と脱落してしまった。

この頃イギリス政府はドイツを倒すために十分な戦争資金を得ようとして、ユダヤ人富豪の協力を求める策を打ち出した。そのためイギリスの外務大臣バルフォアが、ユダヤ人富豪に対してイスラエル（ユダヤ人国家）建設を支持する旨の書簡を出した。これがバルフォア宣言（一九一七年一一月）である。

第一次世界大戦でオスマン・トルコは同盟国の一員としてドイツ陣営に属して、イギリス・フランスなどの連合国と戦っていた。そのためバルフォアは、

「戦いに勝てば、オスマン・トルコからパレスチナを奪ってユダヤ人に与える」

と言って戦費を出させたのだ。

このときのオスマン・トルコは、イギリスにとって手強い相手だった。そのためイギリスはトルコ統治下にいたアラブ人を、トルコ人から離反させる策略も用いた。バルフォア宣言より前にイギリスとアラブの有力者フサインの間で「パレスチナにアラブ人の国を興す」旨のフサイン＝マクマホン協定が何度かに分けて結ばれていた（一九一五―一六年）のだ。

さらにイギリスとその同盟国であるフランスの間には、パレスチナを国際管理地域にするサイコス・ピコ協定（一九一六年五月）という秘密条約があった。

第一次世界大戦はイギリス、フランスらの連合国側の勝利に終わり、小アジア以外のオスマン・トルコの旧領は、新たにつくられた国際連盟の管理下におかれた。

このあとパレスチナはイギリスの委任統治領にされ、ユダヤ人国家は実現しなかった。オスマン・トルコではトルコ革命（一九一九―二三年）が起きてオスマン朝が倒れ、トルコは小アジアだけを支配するトルコ共和国となった。

❖国連がパレスチナを分割した

フサイン＝マクマホン協定を結んだアラブ人フサインは、オスマン・トルコのもとでメッカの太守を務めていた人物である。かれは一九一六年にオスマン・トルコに対して反乱を起こし、アラビア半島のメッカの周辺を治めるヒジャーズ王国を建ててそこの国王となった。

このヒジャーズ王国は、八年後の一九二四年にサウード家を国王とするサウジアラビアに併合された。

ヒジャーズ王のフサインは、第一次世界大戦のあとパレスチナがイギリスの委任統治領とされたことに大きな不満をもっていた。委任統治領といっても、実際にはイギリスの植民地と同じような支配がなされたからである。

パレスチナのユダヤ人も、イギリス統治に反発した。

フサインがイギリスに圧力をかけたために、イギリスは一九二三年になってトランスヨルダン（現在のヨルダン）を、自治権をもつ首長国とした。トランスヨルダンは一九二八年に王国となり、一九四六年に正式に独立、一九四九年に国名をヨルダンに変えた。

ヨルダン川東岸以東を領土とするトランスヨルダンだけは、アラブ人の国として

図50　サイクス・ピコ協定（1916年）

『詳説　世界史図録』（山川出版社）を参考に作成

独立したのである。そこは古代のユダヤ王国の領土の外にあったため、ユダヤ人の抵抗は少なかった。

第二次世界大戦のあと、世界の各地に新たな民族国家がいくつもつくられた。その頃のパレスチナではユダヤ人の独立運動が辛抱強く続けられていた。そのためイギリスは、パレスチナをもて余すようになっていた。

第二次世界大戦で多くの損害を被ったイギリスは、パレスチナの扱いを新たに発足した国連に委ねた。このあと国連は、パレスチナの地を分割して、そこにユダヤ人国家とアラブ人国家を建てる「パレスチナ分割決議案」（一九四七年一一月）を採択した。

このときユダヤ人が国連に対してあれこれ働きかけたために、イスラエルに有利な分割案が出されたというジャーナリストもいる。

❖イスラエルとアラブ諸国との戦争が始まる

一九四八年五月一四日に、イスラエルが国連決議案にもとづいて建国宣言を出した。するとその翌日に早くもユダヤ人国家を認めないアラブ諸国が連合を組んで干渉戦争を仕掛けてきた。

これが、第一次中東戦争である。イスラエル軍はこのとき、数の上ではるかに勝るエジプト、トランスヨルダン、シリア、レバノン、イラクの五か国の連合軍に勝利した。イスラエル軍の兵士が第二次

図51　第一次大戦後のパレスチナとその周辺

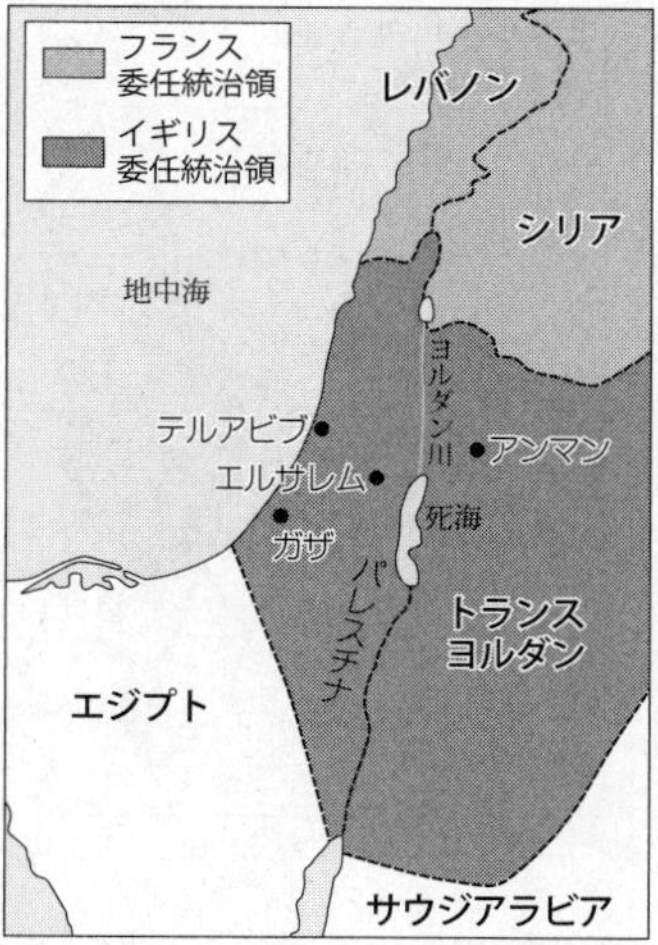

『詳説　世界史図録』（山川出版社）を参考に作成

図52　中東戦争とイスラエルの領土

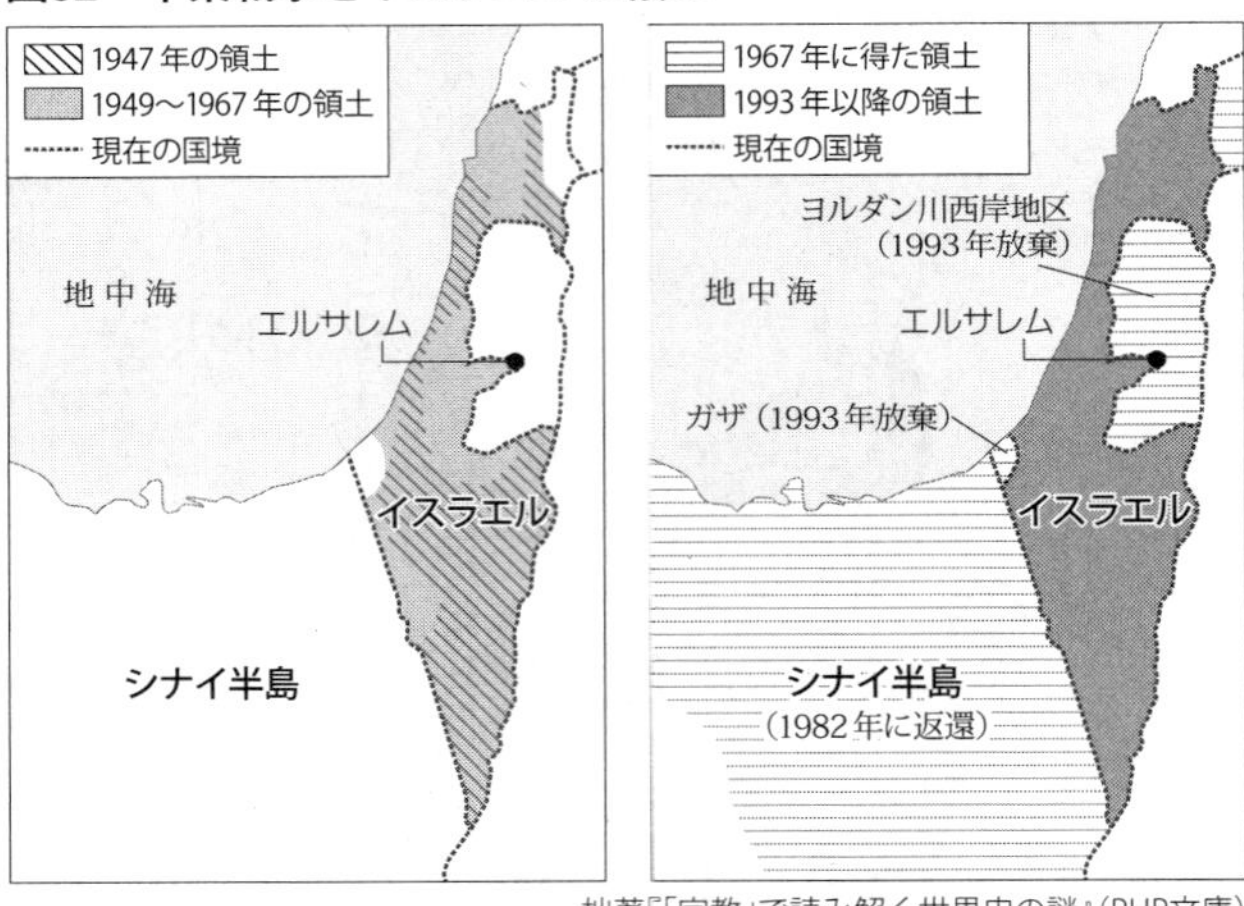

拙著『「宗教」で読み解く世界史の謎』（PHP文庫）

世界大戦にイギリス軍として戦った歴戦の戦士であったうえに、イスラエル軍は最新の兵器を東ヨーロッパから買い集めていたからである。

一九四九年七月に第一次中東戦争の和平が成立し、イスラエルの領土は大きく拡大したが、イスラエルから脱出するアラブ人難民が多く出た。かれらは主に、トランスヨルダンが占領するヨルダン川西岸地区や、エジプトが占領するガザ地区に逃れた。

現在のパレスチナ自治区は、このヨルダン川西岸地区とガザ地区がもとになってつくられたものである。

中東戦争はこのあと三度（一九五六年、一九六七年、一九七三年）、つまり計四度にわたって行なわれた。この中の一九六七年の第三次中東戦争で、イスラエルは占領地を大きく拡大した。この戦争はイスラエルがエジプトに先制攻撃をしかけ、わずか六日間で勝利をおさめたものであった。

この戦いでヨルダン川西岸地区、ガザ地区とイスラエルとエジプトの間にあるシナイ半島がイスラエルの支配下に組み込まれた。

この第三次中東戦争のあとイスラエルが新たに占領した地域からアラブ諸国に逃れるイスラム教徒の難民が多く出た。パレスチナ難民となったアラブ人は、根気強く反ユダヤの運動を続け、アラブ諸国もイスラエルも戦争に備えて軍備拡張を続けた。

❖パレスチナ和平への試み

イスラエル対アラブの戦いは永遠に続くかと思われたが、一九七八年になってようやく中東和平への動きが試みられるようになった。アメリカのカーター大統領が、エジプトのサダト大統領とイスラエルのベギン首相を招いて会談を開いたのだ。

このとき、エジプトがイスラエル独立を承認する代わりに、イスラエルはシナイ半島を返還するという合意がなされた。これに従ってシナイ半島は、一九八二年にイスラエルからエジプトに返された。

しかしパレスチナをめぐるユダヤ人とアラブ人の対立は、これだけでおさまったわけではない。イスラエルはこの時点で、ヨルダン川西岸地区とガザ地区を占領し続けていた。

これより前の一九六四年に、のちにアラファトが指導者となるパレスチナ解放機構（ＰＬＯ）が結成されていた。そのため故郷を失ったアラブ人たちは、パレスチナ解放機構に加わり、イスラエルに対する抵抗を始めた。

これに対してイスラエルは、パレスチナ解放機構を弾圧する。この争いの中で、パレスチナ解放機構の人々は、自分たちを「パレスチナ人」と呼ぶようになった。

こう名乗ることによって、

「パレスチナは、私たちの土地である」

と世界じゅうに宣伝したのだ。

こういった中でノルウェー政府が一九九三年、イスラエルとパレスチナ人の仲裁に乗り出した。かれらはオスロにイスラエルとパレスチナ解放機構の代表を招き、辛抱強く交渉を重ねたうえで「オスロ合意」を取りつけた。

一九九三年九月に、アメリカのワシントンでクリントン大統領の立ち合いのもとで、「オスロ合意」にもとづくオスロ協定が調印された。

これはイスラエルがヨルダン川西岸地区とガザ地区を手放し、そこにアラブ人のパレスチナ暫定自治政府を設立させるという内容のものであった。ノルウェーのはたらきかけで、イスラエルが大幅に譲歩したのである。

❖それでもパレスチナの戦いは続く

オスロ合意にもとづいて一九九四年、パレスチナ暫定自治政府がつくられた。そして一九九六年にパレスチナの住民による選挙が行なわれ、アラファトが大統領に相当する権限をもつパレスチナ暫定自治政府議長に選ばれた。

しかし、ユダヤ人とアラブ人の対立はおさまらなかった。ユダヤ人が勝手にパレスチナ自治区の中のイスラエル軍の占領地に入植地をつくって住みついたのだ。か

れらは、

「ここは、私たちユダヤ人の土地だ」

と主張した。またイスラエルの繁栄を憎んで攻撃を仕掛けるパレスチナ人も多く出た。

ユダヤ人の多くが勉強好きであるため、イスラエルは自国の知識層の主導で経済発展を遂げている。ところがパレスチナ人の多くは、貧しい。

こういった中でイスラエルは、「パレスチナ過激派の侵入を防ぐため」と称して、二〇〇二年から自国とパレスチナ自治区との間に巨大な壁をつくり始めた。

これより前の一九八七年に、パレスチナ人のイスラム原理主義者によってハマス（イスラム抵抗運動）という組織が結成されていた。ハマスの中には、過激派が多くいた。二〇〇四年にアラファト議長が亡くなったことをきっかけに、このハマスとアラファトの支持団体であるファタハとの対立が表面化する。

二〇〇七年になると二つの陣営は完全に手を切り、ファタハがヨルダン川西岸地区を、ハマスがガザ地区を支配する形がとられるようになった。これに対してイスラエルは、穏健派のファタハを支持し、過激派のハマスを攻撃する方針をとらざるを得なかった。

そのためイスラエルとガザ地区のハマスの間で、何度もロケット弾を撃ち合う戦闘が起きた。二〇一四年になってエジプトの仲介でイスラエルとハマスの間に無期限の停戦協定が結ばれたが、ユダヤ人とパレスチナ人の対立はおさまりそうもない。

外務官僚を務めた孫崎享（まごさきうける）氏の本（『これから世界はどうなるか』筑摩書房）に、次のような主旨の興味深い記述がある。

「第二次世界大戦のときに迫害を受けたユダヤ人は、民族間の争いのない平和な世界を望んでいると、日本人は思いがちだ。しかしユダヤ人は、

『ナチスと戦うべきときに戦わなかったからユダヤ人は悲惨なめにあった』

と考えた。だから、戦うことが悲劇を回避する道だと確信するようになった」

孫崎氏の発想に従えば、

「ヒトラーのユダヤ人弾圧が、長期にわたるパレスチナ紛争の原因である」

ともいえることになる。この考えの正否は判断し難いが、パレスチナについて孫崎氏と似たような考えをとるジャーナリストも何人かいる。

イスラエルとアラブ諸国との和解にいたる道は険しい。ユダヤ教徒とイスラム教徒が互いの立場を理解し合える日は訪れるのであろうか。

しかも次章で説明するように、アラブ世界の中では日常的に多様な紛争が起きているのである。

第十五章

アラブ諸国で紛争が起こり続けるのはなぜか？

❖日常的に戦争、内乱、政変が起こる中近東

イスラム文化圏の中心部にあたる中近東について、しばしば国家間の戦争や内戦、政変（クーデター）のニュースが流れる。

シリアでは、長期にわたって三つ巴の戦いが繰り広げられている。

アメリカのトランプ大統領は、政権を握ってまもない二〇一七年四月に、アサド政権の支配地に巡航ミサイルを撃ち込ませた。これは、アサド政権が国際法で禁じられている化学兵器を使用したことを懲らしめたものだと発表された。

シリア内戦は、シリアを支配していたイスラム教アラウィー派のアサド大統領に対して、イスラム教スンニー派の革命勢力が立ち上がり、二〇一一年に内戦状態となったことから始まった。

この戦闘に「イスラム国（IS（アイエス））」と名乗るイスラム原理主義勢力が新たに加わった。この三者の戦いがいつ終わるのか、全く予想もできない情況だ。

ISは二〇一四年六月に、何の前触れもなくイラクに出現した。かれらはイラク中部のモスルとティクリートの町を占領し、シリアからイラクにかけての広い領域

図53　ISが主に活動していた地域

拙著『「宗教」で読み解く世界史の謎』（PHP文庫）

を支配する「イスラム国」の樹立を宣言した。このときアサド政権の軍勢はＩＳの勢いに脅えて武器を捨てて逃げ出した。そのためＩＳは政府軍のもつアメリカ製の優秀な兵器を得て、イラクの首都バグダードへ迫る勢いを見せたのである。

二〇一五年には二名の日本人ジャーナリストが、ＩＳよって捕えられ処刑されている。このニュースは、多くの人を悲しませた。

このＩＳの進撃を阻んだのが、クルド人の民兵組織のペシュメルガであった。ＩＳがクルド人の居住地であるイラク北部に近づいたとき、かれらは故

図54　クルド人の多い地域

拙著『世界地図から歴史を読む方法』（河出書房新社）

郷であるクルド自治区を守るために立ち上がった。

クルド人はクルド語を話し独自の文化をもつ人々だが、イスラム教のスンニー派を信仰するアラブ人の一分派と呼ぶべき集団だ。

クルド人が住むクルディスタンは、かつてオスマン・トルコの支配下でまとまっていた。ところが、オスマン朝が崩壊したときに、クルディスタンは分割されてトルコ、イラク、イラン、アゼルバイジャンなどの国の一部となってしまった。

そのためクルド人は、長期にわたってトルコ、イラク、イラン等の中近東の強国と争い続けてきたのである。

❖部族社会の上にたつアラブ世界

世界史の年表を見ていくと、中近東では第二次世界大戦後だけでも、驚くほど多くの戦争、内戦、政変が起こっていることがわかってくる。そのためアラブ人の社会を知れば知るほど、このように思えてくる。

「『西洋風の民主主義の上にたつ国家』という発想は、アラブ人にはなじめない、かれらには無縁のものではあるまいか」

アラブには、西洋風の個人主義の発想が全くない。アラブ人は、部族社会の一員として自分自身を集団の中に位置づけて生きている。

部族社会は、遊牧民の生活の中でつくられた。近代以前には乾燥地の遊牧民の集団の多くは、羊に換算して六〇〇頭から三〇〇〇頭程度の家畜を飼って生活していた。この数は家畜一頭の飼料の量をもとに計算したものである。馬、牛、ラクダなどは、羊に換算すると数頭分の飼料が必要になる。例えば馬一〇〇頭の飼料は、羊六〇〇頭分の飼料に相当することになる。

遊牧民は自分たちが必要とする食料をまかなえる数の家畜を育てて、生活していた。一家族は、概ね羊二〇〇頭分の家畜がいれば生活できる。だから遊牧民の社会では、まず三家族から一五家族程度の人々が集まった「氏族（クラン）」という組織がつくられた。

氏族を構成する複数の家族は、何らかの形で親戚関係にあり、互いに強い信頼関係で結ばれていた。しかし少人数の氏族では、心もとない。そのため氏族がいくつも集まって、集団全体の利益をはかる「部族（トライブ）」と呼ばれる集団が生まれた。

部族は、互いに「共通の祖先をもつ遠い親戚」とされる人々が集まる、血縁集団であった。部族には数万人から数十万人の有力なものから、数千人単位の小規模なものまであった。本書では小さな国ほどもある有力な部族を、便宜上「大部族」と呼んでおこう。

遊牧民の社会の流れをひくアラブの社会の人々は、自分の氏族、さらに自分の部族に強い愛着をもっており、その分かれらの国家に対する忠誠心は弱い。

❖イスラム教徒の大きなまとまりのもとのアラブ世界

すぐあと（280ページ）に記すように七世紀にイスラム教が成立したことによって、アラブ世界は大きく変わった。それまでのアラブ世界は、多くの部族が思い思いに自立して、争いあう段階にあった。

家畜のためのオアシス（水場）を取り合って、部族どうしで必死に戦うのが、日常のことであった。大部族は、弱小部族を戦いによって滅ぼしたり、併合したりした。

戦いがしばしば起こるそのような社会では、身体が大きく、格闘が得意な男性が尊敬された。弱い男性は軽蔑されて、結婚できなかった。女性は強い男性の保護を受けるべきものと考えられて、男尊女卑の考えがとられた。

現在でもアラブ世界は、強い男性が好まれる父権社会になっている。

遊牧民の社会では、敵と味方は厳密に区別された。部族間の戦いがしきりに行なわれた時代には、「敵はいつまでたっても敵」であり、「敵を完全に滅ぼすまで戦わねばならない」とされた。

「敵に情けをかけてはならない。見逃してやった敵の部族が、後になって力をつけて、私たちの子孫を滅ぼしてしまうかもしれない」

と考える者が、大多数であったのだ。

また「敵の敵は味方」という考え方もあった。戦いのときには、敵の部族に反感をもつ部族を仲間にひき込んで、戦いを有利にすすめるのが得だというのだ。

しかし当面の敵が滅んだあとに、敵の敵であった味方が、新たな敵となる場合も起こり得た。だから遊牧民の社会では、

「同じ部族の人間だけが信用できる仲間である」

と考えられ、そのため族長と呼ばれる部族の指導者のもとで部族のつよい団結がつくられたのだ。

❖イスラム世界ができた経緯

アラビア半島の遊牧民の社会に平和をもたらそうと考えた最初の人間が、ムハンマドである。かれは六一四年からイスラム教の布教を開始し、「イスラム教のもとで平和な世界」をつくり上げようとした。

「イスラム教徒は、すべてウンマという大きな家族のようなイスラム共同体の一員になれる。イスラム教徒は、誰もが家族のように信頼できる仲間であり、イスラム教徒どうしが争ってはならない」

ムハンマドは、このように説いた。この考えを受けて、現在でもイスラム教徒

図55　イスラム帝国の拡大

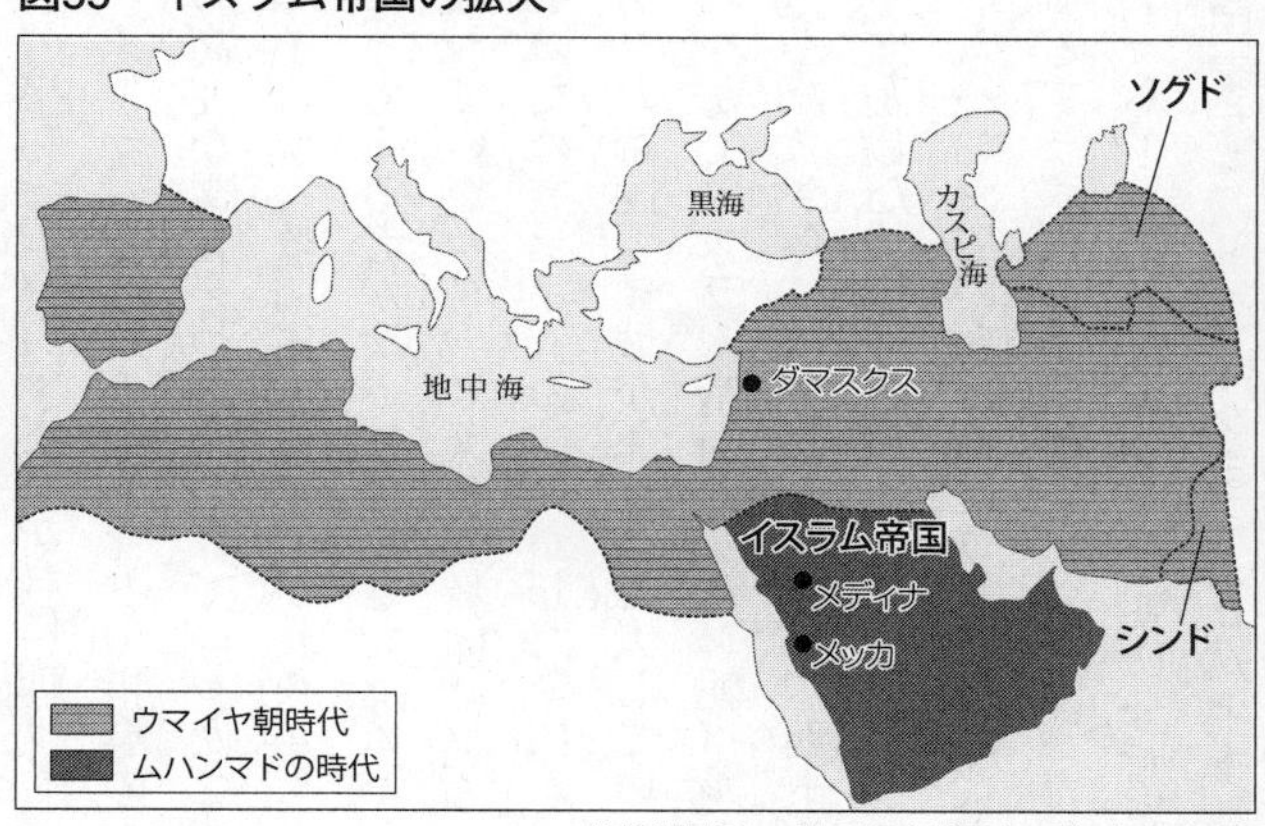

拙著『「地形」で読み解く世界史の謎』（PHP文庫）

は、イスラム教徒の集団を平和域（ダール・ル・サラーム）と呼んでいる。これに対して異教徒の社会が、戦争域（ダール・ル・ハルブ）になる。戦争域とは、非イスラム教徒相手の戦いが行なわれる場所であり、イスラム教では戦争域の敵に戦いを仕掛けて略奪を行なってもアラー（神）から罪に問われないとされるのだ。

ムハンマドは六二二年に、教団の本拠をメッカからメッカの北方のヤスリブ（メディナ）に遷した。ヘジュラ（聖遷）と呼ばれるこの出来事をきっかけに、イスラム教は急速に勢力を拡大した。

イスラム教徒の平和域がしだいに拡大していったのであるが、イスラム教のもとの平和はムハンマドとかれに従うイスラム戦士が戦いで勝ちとったものであった。

イスラム教団はムハンマドの指導のもとに多様な民族の文化をとり入れて、独自の高度な文化をつくり上げていった。するとアラブ人の諸部族の族長の中に、

「イスラム教団に従って、かれらがもつ文化を教わる方が得だ」

と考える者が次々に出てきた。ムハンマドは、諸部族の自主性を重んじる立場を取っていたから、イスラム教団に従っても個々の部族の族長の地位は保証される。そのためアラブ人の族長がしだいにムハンマドやかれの後継者のもとに集まり、イスラム帝国の領域が急速に拡大していった。

やがてイスラム帝国はササン朝ペルシアを倒し、イラン人もイスラム教圏に取り込んだ。さらにイスラム教圏は、西トルキスタン、北アフリカ、イベリア半島にまで拡大した。

ムハンマドのあと正統カリフの時代があり、それに次いでウマイヤ朝をはじめとするアラブ人の王朝がいくつか立った。ウマイヤ朝が滅んだあと、イスラム教圏はアッバース朝と後ウマイヤ朝に分断された。これによって、イスラム教圏の下に「国家」という曖昧なまとまりが生まれた。

しかしイスラム世界の国家はすべて、部族の集まりにすぎなかった。それは自立した部族の族長が自分たちに利益をもたらす強者を君主に立てて、君主のもとに団結したものにすぎなかった。

❖強者が主導権をもつアラブ世界の国々

アラブ世界には、「アラブの砂は、強く握っていないとばらばらになる」といった意味の言葉がある。この言葉に表わされるように、アラブ世界では君主に求心力が無くなると、自立した部族の指導者が思い思いの動きをとりはじめ、国が解体してしまう。

アラブ世界の中心地であるバグダードを都においたアッバース朝は一〇世紀に入ったあたりから急速に衰え、イスラム教圏はいくつもの国に分裂していった。一〇五五年には無敵の軍団をつくり上げたトルコ人が建てたセルジューク・トルコがバグダードを制圧し、強大な帝国をつくった。

つまりアッバース朝のカリフ（イスラム教の指導者）は、セルジューク朝の保護のもとにおかれることになったのだ。アラブ人の部族の族長の多くがセルジューク朝に従ったわけであるが、かれらは自立した部族に利益をもたらしてくれる強者を自分たちの君主と考えていた。

だから君主が、アラブ人であってもトルコ人であってもかまわなかったのである。この時点のアラブ世界には、アラブ人とトルコ人、イラン人などを区別して考える民族主義はみられなかった。

このあとモンゴル人のイル・ハン国や、「チンギス・ハンの後継者」と自称したティムールのティムール帝国といったトルキスタンからの侵入者がアラブ世界の中心部を治めた時代があった。そして最後に、オスマン・トルコがアラブ世界のほぼ全域を支配することになった。

これまでに記してきたように、アラブ世界の歴史はつねに強者によってつくられてきた。さらにアラブ世界の東方のイランやアフガニスタンは、多くの民族がならび立つ多民族国家であった。そこは「アラブ」という一つの文化を共有するアラブ世界よりも複雑であった。

❖西洋主導の近代化のなかのアラブ世界

第一次世界大戦までのアラブ世界は、比較的平和だった。アラブ世界を支配したオスマン・トルコが、アラブ人の族長たちの自主性を認めたうえで、かれらをまとめていたからである。しかし第一次世界大戦のあと、戦いに勝利したイギリス、フランスの二つの大国が、アラブ世界を自国の勢力圏にした。

かれらは自分たちの思い通りになる族長には独立した国をつくらせ、それ以外の地域は、委任統治領の名目で自国の植民地にした。

この新たな独立国の君主は、イギリスやフランス政府の後援を得て西洋の資本家と結び、族長たちを思いのままに支配した。一方、委任統治領では、イギリスやフランスの資本家にうまく取り入った族長が、他の族長に圧力をかけた。

アラブ世界のあちこちで、親欧米の族長とそれ以外の族長との間の新たな紛争が始まったのだ。そういった混乱の中で、一九三八年にサウジアラビアで油田が発見された。これをきっかけにアラブ世界は、石油の産地として欧米の資本家に注目されるようになった。

欧米の資本家が国王や一部の族長に接近して大量に石油を買い付けたために、石油利権を握るアラブの有力者は大富豪に成長していった。しかしアラブ世界には、昔のままの遊牧生活をしている者や、貧しい農民、労働者が多かった。欧米諸国から流れる資金は、かれらのもとに行き渡らなかった。

第二次世界大戦のあとイギリスとフランスの勢力が後退し、新たな独立国がいくつか生まれた。しかしアラブ世界の国境は、イギリス政府、フランス政府とかれらを結ぶ一部の君主や有力な族長が定めた、実情に合わないものだった。

一つの部族の居住地が分割されて二つの国の領土になったり、互いに親密な二つの部族の居住地の間に国境線が引かれたりしたのだ。

アラブ諸国は独立したが、アラブ世界は現在でも欧米の大資本の経済的な支配のもとにある。これによって、アラブ世界で多くの紛争が起こることになった。

一国の指導者になれば、欧米の資本がその国にもたらす利権を一手に握れたためアラブ諸国では、日常的に政争（クーデター）が繰り返された。この権力争いに、部族間の紛争がからむ。さらに実情を無視した国境をめぐって、国と国とが戦う。

アラブ世界を平和に導くには、もう一度かれらの社会の原点に戻り、自立した多くの部族を主体とする国づくりをしていくほかないのではあるまいか。

次章で扱うアフリカの紛争も、アラブの紛争と似た背景から起こったものだ。

第十八章

ソマリア、南スーダンなどのアフリカ各地の紛争の原因とは?

❖アフリカ各地にみられる深刻な内戦

一九六〇年前後にアフリカの新たな独立国が次々につくられたが、その直後からアフリカのあちこちで内戦が始まった。そしてこれまでに、アフリカで数知れない内戦が起こり続けている。

現在アフリカの最も深刻な紛争は、南スーダンとソマリアの内戦ではあるまいか。南スーダンは、二〇一一年七月に、スーダンから分離独立した。ところがそれからまもない二〇一一年九月に南スーダンは、スーダン軍の侵入を受けて大混乱になった。さらに二〇一三年頃から、南スーダンで政権争いによる内戦が続いた。

南スーダンの安定のために、国連は二〇一一年七月に南スーダンの平和維持活動を行なうことを決定した。日本は、その月のうちに平和維持活動に協力すると宣言し、二〇一二年一月より自衛隊の部隊が順次南スーダンに到着した。

あと（302ページ）で説明するような内戦を治める試みは確かにあった。しかし、二〇一六年七月八日に南スーダン政府の正規軍が二つに分かれて戦争する、日本の常識からは信じられないような事態が起こった。

スーダンの正規軍は、サルヴァキール大統領に従うSPLA（スーダン人民解放軍）とリエック・マチャル第一副大統領に従うSPLA・IO（スーダン人民解放軍・野党派）に分かれていた。

七月八日に南スーダンの首都ジュバで、大統領と第一副大統領と閣僚たちが会議をしていた。この会議の最中に、SPLAの大統領警護隊と、SPLA・IOの第一副大統領警備隊が町中で戦闘を始めたのだ。

図56　ソマリアと南スーダンの周辺

内戦は瞬く間に、南スーダン全域に拡大した。二〇一六年、自衛隊と平和維持活動に駆け付けた他の国々の部隊が駐屯する宿舎のそばで、大統領派の軍勢と第一副大統領派の軍勢が戦闘を始めた。近所の住民が駐屯地に助けを求めて逃げ込むと南スーダンの兵士は容赦なく砲弾を駐屯地に撃ち込んできた。

日本政府はこの事態に耐えきれずに二

○一七年五月に、自衛隊を南スーダンから撤退させた。

❖日本の寿司チェーン店が海賊を減らした

南スーダンからそう遠くないアフリカのソマリアでは、一九八〇年代からいつ終わるとも知れない内戦が続いている（詳細は303ページ参照）。ソマリアにいくつもある大部族が、国の主導権を握ろうと争っているのだ。

このような混乱の中で、戦費をかせごうとする集団や一攫千金（いっかくせんきん）を夢見る無法者が、ソマリア沖を航行する船舶を襲って略奪する海賊行為を行なってきた。

ソマリア沖のマンダブ海峡は紅海に連なる日本のタンカーの航路である上に、その近くでは多くの日本の遠洋漁船が操業していた。そのため、海上自衛隊が海賊警備に出動する騒ぎとなった。

二〇一六年に、このような思いもよらぬニュースが日本で流れた。

「築地に本店をおく、ある寿司チェーン店の社長が、ソマリアの海賊を根絶させた」

日本で寿司の外食産業を営む企業が、ソマリアの人々とうまく交渉し、ソマリアに日本向けにマグロを輸出するための冷凍工場や漁業の基地を建設したというのだ。

　仕事がなくて海賊をしていた多くのソマリア人が、日本の企業が出資した漁船や工場で働くようになり海賊の姿がみられなくなったとある。

「海賊がすべていなくなった」

というのは言いすぎであろう。しかし寿司チェーン店の社長の決断によって、仕事を求めるソマリア人や旨いマグロを好む寿司屋の顧客が助けられたのは確かであろう。

❖植民地支配以前のアフリカ中南部

　アフリカには西洋流の個人主義は根づかず、現在でもアフリカ全域は部族社会の段階にある。しかし、アフリカの部族社会は、二つの全く異なる性格のものに分けられる。その一つは主にアフリカ北部のアラブ世界のものに似た部族社会である。

　そしてもう一つは主にアフリカ中南部にみられる、アフリカの熱帯の地域特有の部族社会である。

アフリカ北部の大部分は乾燥地で、そこでは古くから水場などをめぐる部族間の争いが行なわれてきた。そしてイスラム教が広がったあと、アフリカ北部はイスラム文化圏に組み込まれていった。アフリカのソマリア北部、スーダン北部からチャド、ニジェール、マリ、モーリタニアを結ぶ線あたりから北方は、確かなイスラム文化圏である。イスラム教徒の広がりは、この線の南方にも及んでいる。

これに対してアフリカの熱帯地域では、それほど食料や水に不自由しない。そのため氏族と氏族をまとめた部族がつくられたが、食料を確保するために部族どうしが争う事態はほとんど起きなかった。

だから敵と戦うために部族の人数をふやす必要はない。そこで小規模なまとまりの方が都合の良い集団は、小部族のままでいた。そしてより多くの人間を集めて文化を高めていこうとした集団は、別の部族との婚姻などを通じて、部族を拡大していった。

アフリカの熱帯地域のナイジェリアのあたりに、イボ族という有力な部族がいる。イギリスの植民地時代の一九二〇年頃のイボ族の人口は、約四〇〇〇万人いたという記録がある。

このイボ族は、人口四〇〇〇から五〇〇〇人ほどの村落群を四つ五つ集めた二万人程度の集団がいくつかまとまったもので、イボ族の全員が、強い連帯感をもって結びついている。

個々の村落は、すべての成人男子が参加する集会によって運営され、イボ族全体を治める王や首長はいない。イボ族は大地の神アラを祭り、アラの神託に従って行動する。人々は、他の村落が神託に従ってとる行為をすべて無条件に容認するのだ。誰もが、

「同じ部族の仲間の望みが叶うことは、私の幸福につながる」

と考えるのである。

かつてアフリカ中南部には、このイボ族のような争いを好まない集団もいくつかいた。またその反対に、族長とその一族が権力を独占して人々を支配した部族もみられた。

❖ヨーロッパ人がアフリカに来航する

ヨーロッパ人は一五世紀なかばからこれまでに記したようなアフリカの素朴な社

会に進出して、植民地支配をすすめていった。この西洋の強国の支配は、三段階の時期に分けて考えるのがよい。

第一はポルトガルが主導権を握った、一五世紀なかばから一六世紀なかばの段階である。そして第二の段階にあたる一六世紀なかばから一九世紀なかばには、イギリス、フランス、オランダがアフリカ支配の主導権を握った。

第二段階までの西洋の強国は、アフリカの海岸部の拠点を植民地にして、自分たちに都合の良い形で貿易を行なうだけで満足してきた。

ところが第三の段階の一九世紀末に始まる帝国主義の時代に、西洋の強国は、アフリカのほぼ全体を武力で征服し、アフリカを各国の植民地に分割していった。

ポルトガルが主導権をもっていた第一の段階では、ポルトガルの航海者はアフリカの社会には干渉せず、各地の部族の族長と結びつつ有利な形で貿易を行なう方向を選んだ。アフリカには南米のような豊富な金銀が無いので、そこを武力で征服しても無意味だと考えたのだ。

ポルトガル人は、キリスト教に改宗して学問を修めたアフリカ人を準白人として扱った。イエズス会の宣教師ヴァリニャーニのもとで修行していた一人のモザンビーク出身の黒人が、ヴァリニャーニに従って日本を訪れている。かれは織田信長に気に入られて織田家の家臣になり、弥介（やすけ）の名を与えられた。日本最初の黒人の侍である。

この時期から、ヨーロッパの有益な商品がアフリカ各地の族長にもたらされることになった。そのため族長の中から、ヨーロッパの鉄砲などを用いて周囲の他の部族を従えて国王に成長する者も出た。

イギリスなどが主導権をもった第二の段階は、多くの黒人労働者が南北アメリカに送られた時代である。イギリス人の商人は、沿岸部の親キリスト教の立場をとる王や族長を使って黒人労働者を集めた。そのために白人との交易で繁栄した王国がいくつも現われた。現在のベナンにあったダホメー王国は、有力な黒人王国として知られている。

白人の海岸部への進出に反発する内陸部では、キリスト教に対抗するためにイスラム教に改宗する部族が多く出た。

❖西洋の強国のアフリカ分割

イギリスは、一八世紀末にいちはやく産業革命を始めた。それに続いて一九世紀はじめからなかばにかけてベルギー、フランス、アメリカ、ドイツなどで産業革命が本格化した。

産業革命で急速に豊かになった西洋の強国の政府は、アフリカを市場や原料の供給地にして、より多くの富を得ようともくろみ始めた。そのためまず一九世紀なかばに、西洋の強国の後援を受けたリヴィングストン、バルトなどの探検家によるアフリカ内陸部の探検が行なわれた。

そこは、西洋人にとって未知の土地であった。アフリカ内陸部から黒人労働者を集めてきたのは、白人ではなくアフリカ沿岸部の有力な黒人たちであった。

このあと西洋の強国は、武力でアフリカ内陸部に徐々に進出していった。これに対抗するため、一九世紀なかばにアフリカ北部の内陸部にサモリ帝国、トゥクロール帝国などのいくつかのイスラム神権国家がつくられた。それは、「白人に対抗するためにつくられたイスラム教の君主のもとの部族連合」

図57　19世紀のイスラーム神権国家

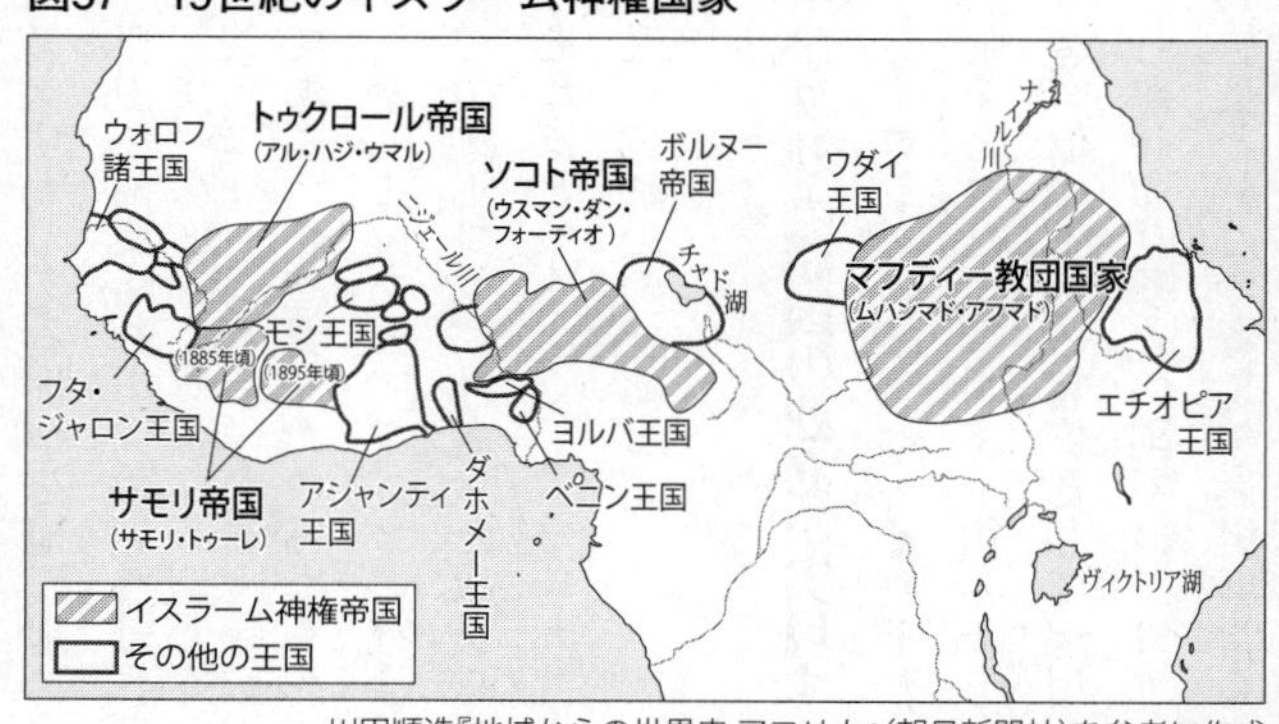

川田順造『地域からの世界史 アフリカ』(朝日新聞社)を参考に作成

と呼ぶべきものであった。

しかしはっきりとした敵が姿を現わしたことが、かえってイギリス、フランスのアフリカ支配を容易にしてしまった。サモリ帝国などの小勢力が、最新の兵器をもつ西洋の強国の軍勢に勝てるわけがない。

イギリスやフランスは、北アフリカの国々を次々に征服して植民地に組み込んだ。さらに一八八〇年前後からドイツやベルギーもアフリカ進出を開始し、アフリカ南部も植民地化されていった。

一八八四～八五年に開かれたベルリン会議の時点で、アフリカ分割はおおむね完成し、西洋の強国の勢力圏の境界が人為的に引かれた。それと共にこの会議で、

「アフリカのある地域を植民地にする国は、その地域におけるヨーロッパ人の安全と自由な商業活動を保障しなければならない」という取り決めが結ばれた。これは「アフリカ全体が、ヨーロッパの白人のもち物である」と宣言したようなものであった。

しかしこのあとアフリカの社会は、南北アメリカやオセアニアのような「広い意味でのヨーロッパ社会」とはならなかった。アフリカに移住して住みつく白人の数はそれほど多くなく、アフリカ古来のイスラム圏の部族社会と熱帯地域の部族社会が温存されたのである。

❖アフリカ諸国の独立が実現する

ヨーロッパの強国は、それぞれの土地の事情を勘案しながら、多様な形の植民地支配をとった。ベルギー領のルワンダ王国のように、宗主国がかつての国王をイギリス官僚の下位の官僚として起用したところもある。

しかしより多くの国では、ヨーロッパ人が一つの国の首都に集まり、国内の特定の族長と結んで貿易や農場経営をする形がとられた。二〇世紀に入る前後から、白

図58　アフリカの分割

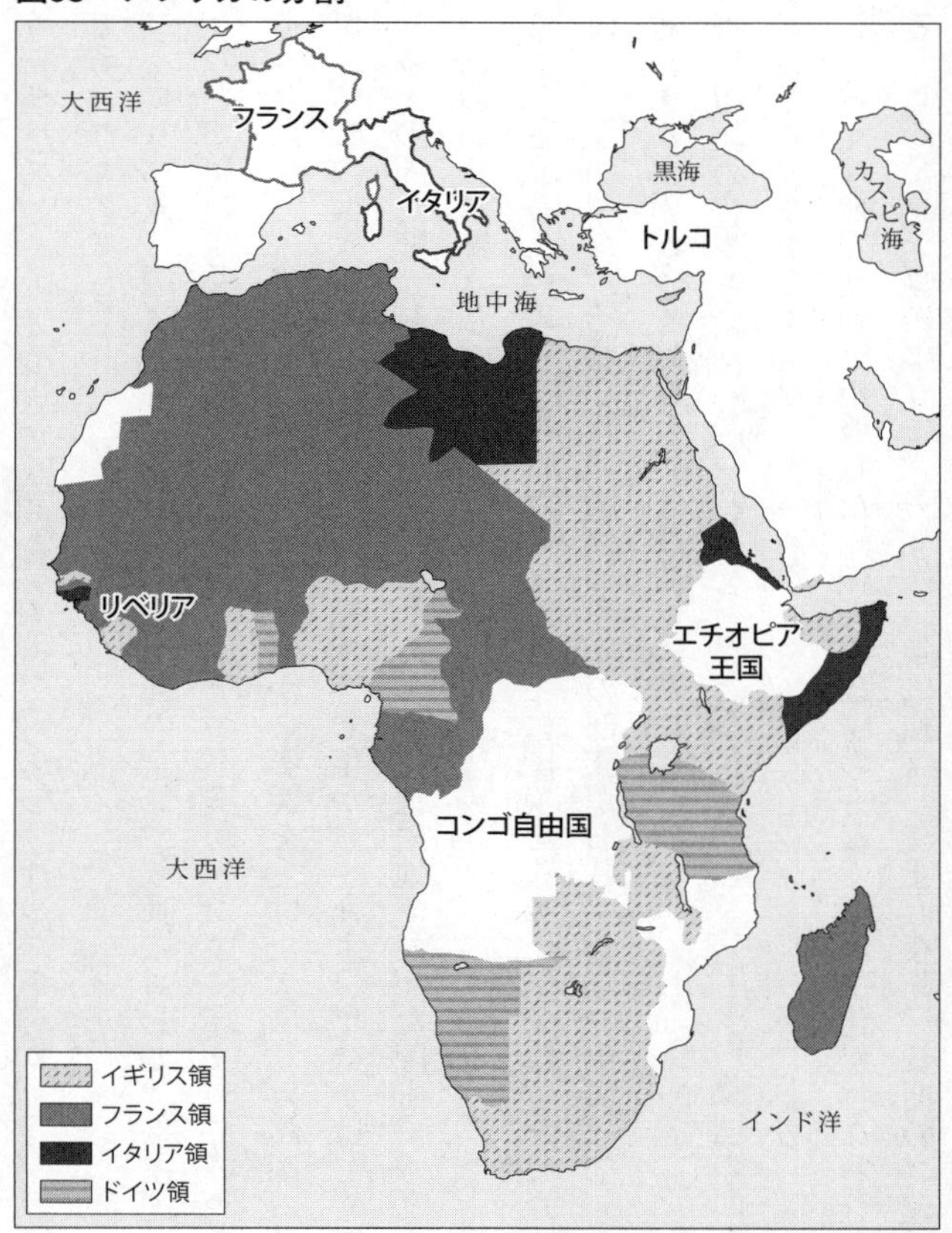

『標準世界史地図』(吉川弘文館)を参考に作成

人が経営するコーヒーなどの大規模な農園（プランテーション）が、アフリカ各地に広がっていった。

ヨーロッパ人に媚びて利権を独占する一部の官僚や族長に対して、宗主国とつながりのもてない族長や庶民が不平を感じ、その不満がしだいに高まっていった。

そうした中で、アメリカの知識層の黒人から影響を受けたアフリカ諸国の独立運動が、第二次世界大戦後に始まった。一九五七年から一九六〇年にかけて、アフリカの多くの国が独立したのだ。さらにそのときに植民地であった国も、一九六八年までにおおむね独立した。

しかし独立したのは、ヨーロッパ人が勝手に国境を決めた国を単位としたまとまりにすぎなかった。それぞれの国には多くの部族がおり、一国の中には部族と部族が対立する要素が多く残されたままであった。

特に西洋の資本と結びついて利益を得ている集団とそうでない集団の間の反目は、おさめようがなかった。

しばらくは独立運動を指導した知識人の政府のもとで、民主化が行なわれた国もある。しかしコンゴのように、一九六〇年に独立してまもなく、長期のコンゴ動乱

（一九六〇―六三年）が起こったところもあった。

✤内乱が続くアフリカ

アフリカの国々は独立したが、多くの国の経済はそこに進出したヨーロッパ資本と、かれらと結んだ政府や実業家の手に握られていた。国は独立したが、すべての部族が豊かになったわけではない。国政を握る部族だけがすべての利権を独占していたのだ。

そのため多くの国で、部族どうしの政権争いが頻発することになった。そうなると強い軍事力をもつ者が有利である。

一九六六年には、ナイジェリアとガーナで、軍部がクーデターを起こし政権を握った。このことをきっかけに軍部の台頭が始まり、一九七〇年頃になるとアフリカの多くの国が軍事政権の支配を受ける国となった。

このあとアンゴラ内戦、ルワンダ内戦などの多くの内戦が起こった。しかし第二次世界大戦後のアフリカでは、国家と国家の戦争はほとんどみられない。

これはアフリカの人々の国に対する帰属意識が弱く、自分自身を部族の一員として位置づけていることによるものである。

ここで南スーダンとソマリアについて、簡単に記しておこう。

イギリス領スーダンは、一八九九年にイギリスが武力で征服して人為的につくった植民地であった。

スーダンの北部はセム系の白人が住むイスラム教圏であったが、南部にはディンカ族などの黒人のキリスト教徒がいた。一九五四年にスーダンに自治政府ができ、一九五六年にスーダンは独立した。しかしそのあと長期にわたって、北部のイスラム教徒と南部のキリスト教徒の対立が続いた。

一九八三年にスーダンのヌメイリ大統領がアラブ民族主義に従って政策をすすめると、キリスト教徒のディンカ族が反乱を起こし、スーダン内戦が始まった。

この内戦は二〇一一年にキリスト教徒の多い南スーダンが分離独立することによって、ひとまずおさまった。しかし二〇一三年の大統領派と前副大統領派の衝突によって、南スーダンは再び内戦状態になったのである。

二〇一五年八月になって、ようやく内戦の和平合意が成立した。これによって両陣営の中心人物を大統領と第一副大統領とする、暫定国民統一政府が樹立された。

しかしこの内部に対立を抱えた不安定な政権は、長続きしなかった。

植民地支配以前のソマリアは、いくつもの有力な大部族が勢力を競いあってきた地域である。イスラム商人が海上貿易で活躍した時期に、ソマリアが貿易の中継地として栄えたこともある。

しかしイスラム商人の勢力が後退した一六世紀以後のソマリアは、アフリカ北部の中の後進地となっていった。一九世紀末にイギリスとイタリアがソマリアの地を分割したが、このときに大部族の勢力圏を無視して国境線が引かれた。

一九六〇年にイギリス領ソマリランドとイタリア領ソマリアが独立し、独立に際して両者は合併してソマリア共和国となった。このあと一九六九年のクーデターによって、バーレ

図59　ソマリアの大部族

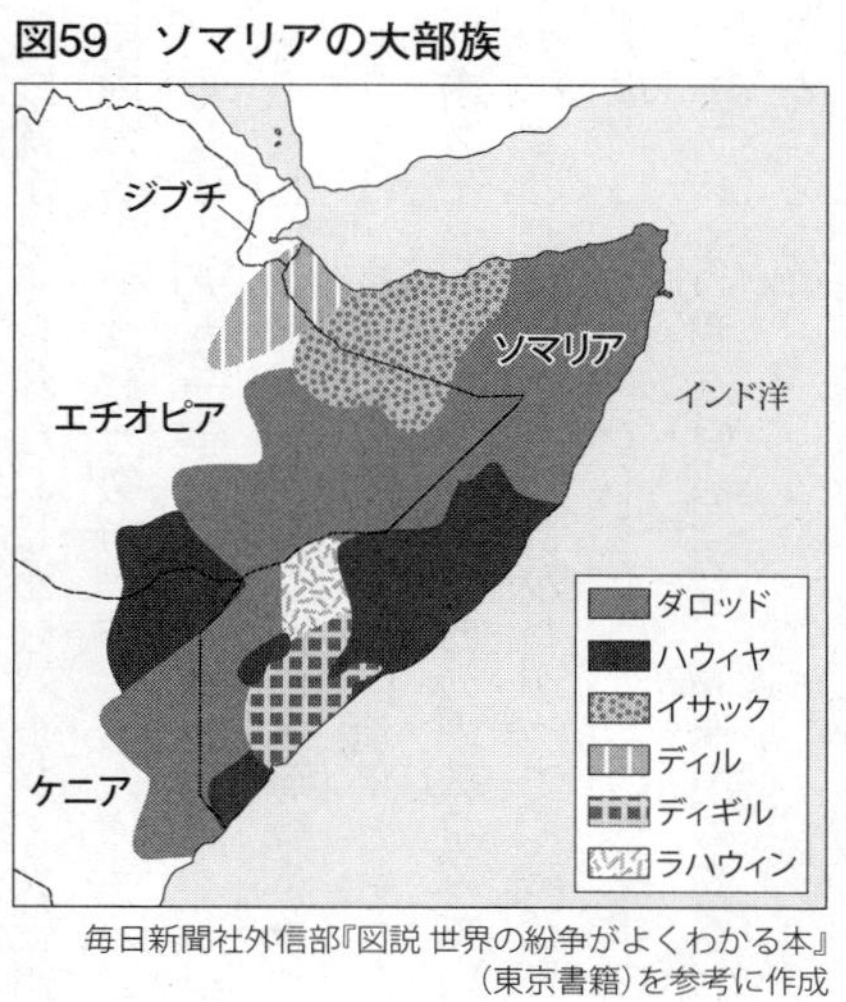

毎日新聞社外信部『図説 世界の紛争がよくわかる本』（東京書籍）を参考に作成

ー政権がつくられた。しかしバーレー大統領の評判は悪く、一九八〇年代に入ると国内の各地で反政府勢力が挙兵した。

そして一九九一年に反政府勢力の統一ソマリア会議（USC）がバーレー大統領を追放したあと、諸勢力が国の主導権を争って内戦に入ったのである。これ以後ソマリアは、長期にわたって危険地帯とされた。

南スーダン、ソマリアなどの内戦をみていくと、植民地時代に引かれた国境線がすべての原因であることがわかってくる。ヨーロッパからの利権は植民地時代の国を単位にして入ってくるため、この形を組み換える必要があるだろう。

アフリカの個々の部族と、先進国の資本とをつなぐ新たな仕組みをつくらねばならないのだ。

最後に、現代を生きる私たちにとって国境とは何かを考えていこう。

終章

強国が力ずくで書き換えてきた国境の歴史

❖民族と国家の多様なあり方

私たち日本人は、

「民族というわかりやすい人間の集団があり、一つの民族が一つの国にまとまるのが自然である」

と考えがちである。しかし世界には、じつに多様な民族がいる。国のあり方もまちまちで、世界的にみれば複数の民族によって構成される国がより多くを占めているのだ。

日本では、

「日本列島に住む者が、日本人である」

というのが常識のようになっている。しかし、きわめて古い時代から「日本人」という特別の個性をもつ人間の集団がいたわけではない。


アジアのさまざまな地域に住む人々が、日本列島に移住してきて混じり合い日本人になった。そのため日本では、目が大きく幅の広い顔をした南方系（縄文系）の日本人や、目が細く細長い顔の北方系（弥生系）の日本人などの多様な顔の日本人がいる。

そのため朝鮮半島、中国、モンゴル、アフガニスタン、ベトナム等で、日本人と間違いそうな顔をした人間に出会うことも多い。

これに対して、純粋なノルマン系の白人、アングロサクソン系の白人、ペルシア系のイラン人などは、誰もが似た顔をしている。

日本列島に集まって来た人々は、すみやかにもとの住民と同化し、縄文文化の流れをひく神道に基礎をおく、日本文化に馴染んでいった。世界的にみると、このような民族は少ない。

白人が来航する前のハワイ、サモアなどのオセアニアの島々や、アフリカ奥地などにみられただけである。ハワイなどの地域では、近年まで日本の縄文人の信仰に似た精霊崇拝の流れをひく信仰が生き残っていた。

❖人為的につくられたヨーロッパの民族

「日本は海に囲まれた島国だから、住民が平和な形でまとまることができた」ともいわれる。しかしヨーロッパの島国であるイングランド（イギリス）は、ノルマン人のノルマンディー公ウィリアムがイングランドを征服したことをきっかけに人為的につくられた。

ノルマンディー公ウィリアムがひらいたノルマン朝の後継者であるイングランド王たちが年月をかけて、現在のイギリスに相当する地域の貴族たちを従えて「イギリス人」という民族をつくったのである。

ヨーロッパではローマ帝国以来、ラテン系、ゲルマン系、スラヴ系の白人を中心とした「ヨーロッパ人」とでも呼ぶべき大きなまとまりがあった。「ローマ帝国の勢力圏の肌の白いラテン系、ゲルマン系、スラヴ系白人」をヨーロッパ人とする定義はわかりやすい。

しかし中世にイギリス、フランスなどの強国が次々にヨーロッパにつくられた。そして国王などの主導のもとに、ヨーロッパ人がイギリス人、フランス人などの民族となったのだ。

この民族は、主に国王の主導でまとめられた独自の言語、文化を共有する集団であった。しかし、

「肌の白い白人であるヨーロッパ人が主導するヨーロッパ世界は、一つのまとまっ

た世界である」

という発想は、間違いなく現在まで受け継がれている。

「民族」と訳されるヨーロッパの概念は、「国家」というものにきわめて近いものである。日本の知識人はそのようなヨーロッパ風の「民族」を日本にあてはめて、「日本民族」という日本人だけに通じる言葉をつくり出した。しかし自然な形でつくられた日本民族と、強者が意図的に囲い込むことによってできたヨーロッパの民族とは全く別物である。

❖ヨーロッパ世界の拡大が世界を変えた

ヨーロッパ人は一五世紀後半から世界中に進出し、植民地を拡大していった。この動きによって南北アメリカやオセアニアは、白人優位のヨーロッパ世界に組み込まれていった。

アメリカやオセアニアは、おおむね部族社会の段階にあった。もっともペルーのインカ族とメキシコのアズテカ族は、基本的には部族の集まりだが、国王のもとに文化を共有する小規模な民族といってよいものであった。

しかし大量の白人の移民が来たために、人数のそう多くなかった南北アメリカ先住民の部族の多くは分断された。そして有力な白人を中心とした、新たなまとまりがつくられた。

南北アメリカやオセアニアの国々の国境は、ヨーロッパの強国が引いた植民地の境界をもとにつくられた人為的なものである。

ヨーロッパの強国は、アフリカ、インド等も植民地として支配した。しかしアフリカでは、白人支配のもとでも各地域の部族の強い団結が維持された。またインドでは各地に割拠する藩王などの領主の勢力が強かった。

そのためヨーロッパの強国は、アフリカやインドをヨーロッパ世界に組み込めず、もとの社会を温存した形の支配を行なった。

❖ヨーロッパの強国と張り合うロシアと中国

チンギス・ハンとその後継者のもとに団結したモンゴル人が、一三世紀に有力な騎馬軍団を用いて各地を征服していった。かれらはユーラシア大陸の主要部分を領土とするモンゴル帝国をつくり上げた。

モンゴル人、女真族（満州族）、契丹族、トルコ人などのアジアの乾燥地帯の遊牧民は、平素は部族社会の中で、比較的平和に過ごしている。

しかしいったん多数の部族をまとめる有力な指導者が現われると、モンゴル人などは広域のまとまりをつくり、他の民族を征服して強国をつくる。

モンゴル帝国の出現によって、東西の貿易が急速に拡大した。そしてこのことをきっかけに、各地の権力者が世界に目を向け、世界帝国の君主となることを指向するようになった。

まずスペインとポルトガルが、最新の武器をもつ船団を使って植民地を各地に拡大していった。ついでチンギス・ハンの後継者を自称するロシア帝国が、シベリアに勢力を広げ、やがて北方の大帝国になっていった。ロシア帝国のもとで多くのロシア人が新たな征服地に移住していった。

モンゴルの勢力を北方に追いやった中国の明朝は、それまで曖昧であった「漢民族」という概念を確立し、中国の民族主義をつくり出した。

このあとチンギス・ハンの後継者と自称した女真族の清朝が中国を征服した。清朝はチベット、東トルキスタンなどのそれまで自立していた国々に遠征して、その地を中国に併合した。

清朝の支配下で中国の国内は安定し、人口も急速に拡大した。そのため民族主義にもとづいて中国至上主義の考えをとる大勢の漢民族（中国人）が、清の征服地に移住していった。かれらはやがて、現地の経済の主導権を握るようになっていく。ロシア人や中国人のように、「ロシア至上主義」、「中国至上主義」のもとに際限なく拡大する民族もいる。

❖部族社会を重んじる民族も多い

インドなどの南アジアは、個性の強い地方の寄せ集めである。インド、パキスタンなどの国には、共通する文化はあるが、個々の地方は、小さな国家と呼んでもよい。一つの地方が独立した国になるのがよいのか、現存のような地方がまとまって国をつくるのがよいのか判断しづらいところである。

アラブ世界やアフリカの人々は、人為的につくられた国のまとまりより、部族のつながりを重視して生活している。この地域の国境線の多くは、ヨーロッパの強国が植民地支配のために機械的に引いたものであるからだ。

そのうえアラブ世界やアフリカの経済は、欧米の先進国の資本と密接に結び付いているため、政治の主導権をもつ者が、アメリカやヨーロッパからくる利権を独占する仕組みが植民地時代から根強く残っているのだ。

これによってアラブ世界やアフリカでは、戦争や内戦、政争が頻発する。この地域では、国のあり方を組み換えて、部族主体の新たな経済をつくっていくことが必要になるのであろう。

✣国境をどう考えるか

日本人という民族はわかりやすいが、イギリス人、フランス人などは人為的につくられた民族である。日本という国の国境の内側には共通の文化があるが、イギリスやフランスの国境の内側には多様な文化が共存しているのだ。

アメリカのような新たにつくられたヨーロッパ系の国の国境は、さらにわかりにくい。一八世紀末に独立したアメリカ政府が征服した土地に住む人間が、アメリカ人なのである。

そこにはヨーロッパのあちこちから移住してきた白人と、アフリカ、アジア、中南米から来た人がおり、かれらがもつ多様な文化がみられる。

人為的につくられた国境の区分にもとづく、イギリス人、フランス人という「民族」の発想から、いったん距離をおいて考えてみたらどうなるのだろうか。

これまで説明してきたように、ヨーロッパ人、ロシア人、中国人、アラブ人、それに南アジアの人間をあらわすインド人、アフリカの黒人という大きな六つのまとまりは確かにある。

トルコ人という民族はいるが、西トルキスタンの国々のトルコ人と西方に進出してセルジューク・トルコとオスマン・トルコをつくった集団の子孫は、現在は別物になっている。

日本人、朝鮮民族、モンゴル人、ユダヤ人、アルメニア人などは、比較的小さいが国としてまとまり、文化を共有する民族になる。

一方世界には、全く異なる文化をもつ複数の民族の居住地をまとめて一つの国にした多民族国家が多くみられる。東南アジアや西トルキスタンの国々、アフガニスタン、イラクなどが多民族国家である。

この他に、有力な民族がつくった国に居住する少数民族も多い。

アフリカの黒人の社会に目を向けてみると、そこには確かに同系統の言語を話し似かよった文化を共有する民族らしきものはある。しかしアフリカの黒人は自分が所属する部族には強い愛着をもつが、似た文化を共有する集団のまとまりにはほとんど無関心である。

「民族国家」という発想は、ヨーロッパ人がヨーロッパをいくつかの国家に分けるために考え出したものにすぎない。世界には民族国家になじむ集団と、そうでない集団がいる。

だから世界じゅうを民族国家に分けるという発想を離れて、地域ごとにそこに合った国境線を引いていくほかない。

部族の自治を認めたうえでアラブ世界を一つの国にするのが良いのか、そこを複数の国に分けるのが良いのか。この答えを見つけるのは難しい。南アジアにも同じことがいえる。

現在、世界のあちこちに国境をめぐる戦争や内戦がみられる。これを上手に解決することが、人類の幸福につながることは確かだ。

外交交渉の専門家である島田久仁彦（くにひこ）氏の著書『交渉プロフェッショナル』（NHK

出版）に次のような興味深い記述があった。

「あそこには水がある」「ここでは米が取れる」「あっちは鉄鉱石が埋まっている」といった資源争いが、最終的には国全体を巻き込む内戦や戦争につながっていくわけです。

きわめて多くの戦争、内戦の場を経験した島田氏だから戦いが起きる理由を正確に掴むことができるのだ。

民族の違い、宗教の違い、あるいは所属する国家の違いだけで、殺したいほど他人を憎む者はまずいない。一国の指導者や一つの集団の指導者が、他者のもつ資源を求めて、他者に対する憎しみを煽って人々を動かし、戦争や内戦を始めるのであろう。

私は以前、アラブ人のジャーナリストに、

「なぜイスラム教のスンニー派とシーア派の間で戦争や内戦が起こるのか」

と尋ねたことがあった。するとかれは、

「スンニー派とシーア派で礼拝の作法などは異なるが、一般の庶民はスンニー派とシーア派の違いを何とも思っていない」

と答えてくれた。

「資源を奪い合って戦うのではなく、互いに助け合って、みんなで豊かになっていく」

この発想が広がれば、国境をめぐる紛争が次第に静まっていくかもしれない。

現在でも他国に出掛けて、その国の人々のために技術指導に人生をかける人もいる。貧しい国のために経済協力の案をあれこれ出す政治家もいる。本書であげた寿司チェーンの社長の行為（290ページ）も、他国の紛争を静める助けになったと考えてよい。

異なる文化、伝統、宗教をもつ人々と理解し合えるように努めることが、平和を実現する第一歩である。私たちはさまざまな知恵をめぐらして、国境をめぐる争いのない平和な世界をつくっていかねばならないのだろう。

著者紹介
武光 誠（たけみつ　まこと）
1950年、山口県防府市生まれ。1979年、東京大学大学院国史学博士課程を修了。文学博士。現在、明治学院大学教授。日本古代史を専攻し、歴史哲学的視野を用いた日本と世界の思想・文化の研究に取り組む。
主な著書に、『渡来人とは何者だったか』『藩と日本人』（以上、河出書房新社）、『国境の日本史』（文春新書）、『日本人なら知っておきたい！ 所作の「型」』（青春文庫）、『誰が天照大神を女神に変えたのか』（PHP新書）、『「古代日本」誕生の謎』『地図で読む「古事記」「日本書紀」』『日本史の影の主役 藤原氏の正体』『地図で読む「魏志倭人伝」と「邪馬台国」』『「地形」で読み解く世界史の謎』『「宗教」で読み解く世界史の謎』（以上、PHP文庫）などがある。

本書は、書き下ろし作品です。

PHP文庫　「国境」で読み解く世界史の謎

2017年9月15日　第1版第1刷

著　者　武光　誠
発行者　後藤淳一
発行所　株式会社PHP研究所
東京本部　〒135-8137 江東区豊洲5-6-52
文庫出版部　☎03-3520-9617(編集)
普及一部　☎03-3520-9630(販売)
京都本部　〒601-8411 京都市南区西九条北ノ内町11
PHP INTERFACE　http://www.php.co.jp/
組　版　有限会社エヴリ・シンク
印刷所
製本所　図書印刷株式会社

ISBN978-4-569-76750-5